チーム学校園を構築するための教師ストレス研究

高木 亮 著 Ryo Takagi

ナカニシヤ出版

はじめに

　平成29（2017）年3月31日に小学校と中学校の『学習指導要領』と『幼稚園教育要領』が改訂されました。特別支援学校と高校の『学習指導要領』は平成29（2017）年4月と翌年3月にそれぞれ改訂されました。この改訂の前提といえるのが「馳プラン」といわれる平成27（2015）年12月21日の中央教育審議会の3つの答申です。つまり『新しい時代の教育や地方創世の実現に向けた学校と地域の連携・協働の在り方と今後の推進方策について』（以下，『27年教育や地方創世答申』）と『チームとしての学校の在り方と今後の改善方策について』（以下，『27年チーム学校答申』），『これからの学校教育を担う教員の資質能力の向上について』（『27年教員資質答申』）です。明治以降の教育改革は学制からの第一の教育改革と終戦による第二の教育改革，そして21世紀の教育改革で3つめです。近代日本の学校教育制度の初期設定の第一の教育改革において学制から各種学校令が安定するまでだいたい30年，高校教育と大学の大衆化充実までを目指した第二の教育改革も30年ほどで量的整備が済んだといわれます。小泉政権の行財政改革（2001年〜）を第三の教育改革のスタートとすれば，3分の2が完了したところともいえます。

　第二の教育改革が落ちついて高校と大学が"誰でも行ける"場所へと変わったことで，大衆化が完了したところから若者が荒れはじめました。学生，生徒，児童と徐々に生徒指導のような問題が低年齢化し，教育の質的課題が前面に出てきました。昭和40年代初めの学園紛争という大学生や高校生が荒れはじめた時期に，「もう教育は量的拡大や整備だけではだめだ」という見解は出そろいはじめていたようです（この辺りは，菊池，2013；2015）。仮面ライダー1号が登場した昭和46（1971）年と時代下って12代目仮面ライダーである仮面ライダーBlackRXが登場した昭和62（1987）年に「第三の教育改革が必要だ」と謳われます。いわゆる『四六答申』と『臨教審答申』です。一見，これら第三の教育改革の提案は失敗したように言われていたこともあります。しかし，

少し遅れて，21世紀，つまり平成仮面ライダーは『J』『クウガ』『アギト』と3作，5人が登場する平成も干支が一周した時代になって第三の教育改革がいつのまにかはじまってしまいます。色々な見解がありますが，基本的には地方分権の流れにつながる三位一体の改革（国庫補助金と地方交付税交付金の整理とそれに代わる税権の地方への移譲）と平成の大合併といわれる基礎自治体の大統合が大きな原動力といえるでしょう。平たくいえば少子高齢化（現在は人口減少ともいえます）と過疎過密により，地方は地方で生き残りを模索するための地方分権の流れが決まったことが，第三の教育改革のスタートとなった力であり震源であるということになります。「地方分権」といえばそれだけで正しいように皆いいますが，日本で最も人口の少ない県と二番目に少ない県があって，その2県より人口密度が低い県が存在する過疎・人口減少が激しい中四国に住む筆者には「中央集権の方が不安が少ないよなぁ」などとも感じますが…向き合わないわけにはいきません。

　人口減少と学校園について日本教育経営学会で素晴らしい報告をなさった波多江俊介先生（熊本学園大学）によれば，"地域最後のインフラは電気網・水道網・交通網・学校園"だそうです（詳しくは，波多江・川上，2013；2014）。つまり，人口減少のこれからの日本を地域から支えるのは学校園であり，学校園は「子供を第一としながら郷土・地域をも支えていく拠点」ということになります。おおむね『27年教育や地方創世答申』の趣旨はこのあたりといえます。第三の教育改革は仮面ライダーが子供たち（1号ライダーを見た子供ももうそろそろ定年手前ですね）の前にデビューした昭和46（1971）年ころからの課題ですし，教育保育の質の確保とともに21世紀に顕在化した人口減少というこれからの日本の100年の構造的変化に適応する上での課題でもあります。今が，2018（平成30）年ですから第三の教育改革も30年で完成するのならもう折り返し点を超えてしまいました。『学習指導要領』の寿命は10年ですから，この度改訂された『学習指導要領』と『幼稚園教育要領』で完成を迎えるといったところでしょうか。

　さて，そのような中で本書の課題になるのが『27年チーム学校答申』で示された，学校園のチームとしての組織強化と各教職員の専門性向上による協働性（異なる立場同士で協力しあうといった意味）の構築です。もともとこの考

えは,教育再生実行本部第四次提言（平成27年5月12日）では『「チーム学校」部会提言』として「チーム学校」の実現により教師が子供と向き合う時間の大幅増加を目指し,「社会の有為な人材を学校に」として教員免許改革や専門職の配置充実,「学校・地域人材によりチームの形成」として開かれた学校をより学校の応援という文脈で深め,「校長のリーダーシップ強化と運営体制の充実」として校長やミドルリーダーとしての主幹教諭らの裁量権限の強化（エンパワーメント）を提示が最初のものです。また,『チームとしての学校の在り方と今後の改善方策について（中間まとめ）』（平成27年7月16日）での「視点1．専門性に基づくチーム体制の構築」,「視点2．学校マネジメント機能の強化」,「視点3．教員一人一人が力を発揮できる環境の整備」などの提言が続きました。難しい話が出てきましたが,要はチームとしての学校園を考えるにはより専門的な力を先生方に発揮していただくことが重要で,そのためには多忙や負担・負荷を整理することが不可欠だということです。教育や保育には夢や理想や強い期待がなされる一方で,それが大きすぎてめちゃくちゃな要求がなされることがままあります。本書はこれをストレスという限界の側面で見直して考えていこうという視点に立っています。

　また,あえて「チーム学校"園"」という表現にさせていただきました。21世紀の教育保育の課題が地域とともにあるのであれば,人口の少ない地域ほど幼稚園と保育園,さらに小学校,中学校,高等学校,特別支援学校といった学校園の連携をしっかりと行うことが重要だといえます。つまりそれぞれの園と学校の組織内の協働だけでなく,それぞれの組織をこえた協働や相互理解を考えてみたいわけです。なにより,年度を1日超えれば,園児は児童となり,児童が中学生に,中学生は高校生に肩書が変わります。これを各学校園が別々に分担するだけではなく,全体の流れとしてみるとともに,子供の数は少なくなっても異年齢のコミュニティとして支えあう体制になることが重要なのでしょう。学校園の連携や接続,さらに一貫校園や併設校園の設計まで人口が減少し,過疎化が進んでいる地帯ほど考える必要が迫られています。本書はまずは,それぞれの立場や役割の異なる先生方が別の先生方のことを理解して"あっちも基本的に大変なんだ"とまで限界と仕組みを理解していただくことを目的にしております。また,一人職としての養護教諭の先生や学校園を支える教育行政

にお勤めの先生の"大変"の理解も本書で考えてみたいと思います。「偉い人はえらい（つらい）」とは筆者が本学に着任した最初の上司，山下立次先生の名言ですが，それぞれの学校園の先生が，それぞれ独特の"えらさ（つらさと尊さ）"がある，そこをスタートに学校園の連携の話と相対的なチームの作り方の注意点を列挙したいと思います。

本書は2部構成とさせていただきました。第1部は学校園で働く先生方全体の限界を考える資料提供を意図しました。第1章はすでに筆者が収集しただけで350を超える学校園の先生のストレスとその関連要素の図書・論文ガイドを意図しています。商業書籍は多くが絶版ですが，図書館で取り寄せれば無料です。現在はありがたいことにインターネットさえあれば論文はかなりのものが無料で閲覧できます。学校園にお勤めの先生方にお願いです。学校園や課題となる職種，状況，また，"何をどうしたいのか"にあわせて概略や解説を参考に直接それぞれの書籍と論文にあたっていただきたいと思います。"全部，わかりやすく書くのがお前の責任だろう"という声が聞こえてきそうですが，第1章のうんざりするような見出しと構成をみた時点で，それは不可能だし，不適切なのはご理解いただけるでしょう。何より，マスコミや学者（筆者も含めて）は平気で嘘をつきかねない職業人ですから，ご自身でリサーチし確認をする，そして特にアンケート等をとる必要が生じたらこの先行研究からよさそうな質問項目を自分で構成し分析する，そんな力を身に着けることがこれからの保育者と教師には必要だと思います。第2章はある精神科医の先生の個人業績レビューを中心に"教師が病んだ時"を考えてみました。特にこの先生のエピソードから，"なんのために働くのか"，"生きるとはどういうことか"を考えてみるきっかけが得られるのではないかと思います。本書で後述するように保育者においては精神疾患の問題はあまり議論されません（雇用の不安定性が高いため精神疾患以前に離職するケースが多すぎるからです）。保育者や園の話よりは教師と学校の話ばかりになって恐縮ですが参考にしていただければ幸いです。

今までの「教師のストレス」では小学校教諭と中学校教諭が主要な根拠として議論されてきました。第2部ではそれらとはまた異なる「先生」として保育者（幼稚園教諭と保育士）と養護教諭，教育行政にかかわる教師の調査研究を

紹介します。これらをもとに「教師」と一言で言いながら多様な職場や職務やキャリアがあることを検討してみたいと思います。保育者（というよりは公立幼稚園教諭）の分析・検討を行った第3章では小学校と中学校の男女ごとのストレス比較を行いつつ，キャリアつまり仕事を中心とした人生の見方の話を試みます。第4章では教育行政勤務教員（教員採用後の人事異動による指導主事だけではなく管理職待遇の先生含めたためこのような微妙な表現になりました）とワークライフバランスの話を試みています。ひとことでいうと私生活を犠牲にするほど忙しいと，"一見，私生活のストレスの原因がない"そんな数字が示されます。果たしてそれは"ストレスがないから健康"といえるのか？……．結局答えは出ない問いではあります。みんな育児や介護・看病そして加齢による自分の衰えは背負っていかないといけない未来の課題でもあります。働くことと私生活を考えるきっかけ，その納得の上での働き方とチームの作り方を考えるきっかけとなれば幸いです。第5章は養護教諭の話とともに，ロジスティック回帰分析という分析を試みました。"ストレスの状態が危険な先生"を「1」に，"そうでない大多数の先生"を「0」に得点設定を行い（ダミー変数化といいます），「1」の先生は何が原因として影響力が高いかをオッズ（予想倍率）でみる分析です。数量アンケートで因子分析や重回帰分析，パス解析はみる機会があまりないかもしれませんが，公衆衛生学でよく使われる分析で，統計ソフトがあれば簡単に算出できます。表記や分析手続き，議論の仕方なども含めて第2部を参考にしていただければ幸いです。

目　次

はじめに　*i*

第1部　"ここまでわかった""ここがわからない"学校園の限界
　　　　―保育者・教師ストレス研究の概要―

第1章　書籍と研究でみる学校園の限界―教師ストレス研究ノート―　……………　3
　1．保育者・教師のストレスの概要　4
　2．ストレスの結果（ストレス反応や精神疾患）に関してわかったこと　7
　3．"何が原因なのか？"（ストレッサー）に関してわかったこと　9
　4．"ストレスに耐える要素"（ストレス抑制要因）についてわかったこと　32
　5．ストレスの改善に関する研究　39
　6．その他　43

第2章　精神科医の語った教師ストレス―病んでしまっても職業人生を展望するために―　………………………………………　49
　1．90年代末から21世紀01年代までの教師のストレス　50
　2．中島先生が教師ストレス論へ与えた影響　52
　3．教師のメンタルヘルス論のこれから　55

第2部　様々な先生がそれぞれ大変です
―教職各職種のストレスとキーワードと分析方法―

第3章　保育者ストレスから考える保幼園の限界―教師との比較でみる保育者
（幼稚園教諭と保育士）― ………………………………………… 59
　1．問題と目的　59
　2．A県の幼稚園教諭ストレスの現状　60
　3．幼稚園教諭・管理職の各ストレス得点　63
　4．総合考察　65

第4章　教育委員会勤務も大変です―教育行政勤務教師のストレスと
ワークライフバランスの議論― ………………………………… 71
　1．問題と目的　71
　2．結果と考察　72
　3．総合考察　79

第5章　保健室の先生も大変です―養護教諭のストレスと
"要リスクレベル"でみえてくる世界― ………………………… 83
　1．問題と目的　83
　2．結果と考察　86
　3．総合考察　91

終　章　保育者・教師のストレスの話からチームを考える ………… 95

おわりに　107
引用文献・参考文献　111
索　引　119

第1部

"ここまでわかった" "まだここがわからない" 学校園の限界
―保育者・教師ストレス研究の概要―

　第1部では大量にある，学校園の先生方の苦労と苦難の歴史や調査研究を記録した書籍・論文をとにかく沢山紹介させていただくことを目的にしました。全国には幼稚園が1万1千，小学校が2万1千，中学校が1万1千，高校が5千，特別支援学校が全学部あわせたものを1つとして500存在します（ちなみにコンビニ業界最大手の店舗数は平成29年10月末現在で19,887店ありますが，これは例えば岡山駅にある各キヨスクを各1店舗として計算したもので，岡山駅には合計7店コンビニがある，とした上での数字です）。先生は正規採用者（本務者）だけで90万人超，非正規の先生の正確な統計は存在しません。保育所は無認可も加えると正確な統計がありません。戦後70年以上日本の学校園は保育・教育を支えてきました。これだけの長い期間の変化についてこれだけ多数の学校園と教師・保育者のドラマを考える際，ごく一部を切り取った研究ですらこれからみるように多様・多数である点をまずお示ししたいと思います。とにかく，学校園の先生は多く，個人が多様である以前に，学校園も規模も状況も学区も多様です。とはいえ，「多様」だけで思考を停止してもいけませんから，学校の種類や職種，ストレスのポイントごとに多数ある先行研究を第1章で整理してみました。ご自身の課題の参考になる先行研究を見つけるきっかけにしていただければ幸いです。

　第2章では中島一憲先生という教師のストレスに立ち向かった精神科医の業績を整理するなかで，"病んでしまったときのポイント"を整理しました。我々は，"病気にならない"，"健康に長生きする"をテーマに日常を考えます。しかし，逆にいえば，"人は老いる"，"長い人生には病気もあり，それを克服できず，病気とともに生きなければいけないこともある"そして"死なない限りは生きていかないといけない"，"病気で苦しくても生きる・働くことを考えなければならない"といった子供でも知っている人生の苦痛を直視しないように人は生きているともいえます。中島先生は若くしてお亡くなりになるまで，教師の精神疾患を支える仕事をお続けになりました。"苦しくとも亡くなるまで仕事をする"，ということはストレスと生きることに最期まで向きあったということもできます。この辺の話から"ストレスに傷ついても生きること，先生として仕事をすること"を考えていただけたら幸いです。

第1章 書籍と研究でみる学校園の限界
―保育者と教師ストレス研究ノート―

　平成29（2017）年現在，学校園の先生に関する書籍や研究は多数存在します。「教師のストレス」や「教師の精神疾患」といったテーマが注目されることは不幸ですが先行研究にはめぐまれた研究分野です。研究書ですので，研究としてリサーチ（独自調査または先行研究の整理がなされている調査研究）されたものに着目しても膨大な量になりました。また，それらを整理してみることで注目する内容（研究目的など）に多少の偏りがあり，年を追ってのブームのようなものも見ることができます。本章は硬くいうと「研究ノート」ですが，考察等は敢えて詳細には行わず，整理に注力しました。

　ストレスの困った結果を"ストレス反応"（不健康，疾患，各ストレス反応尺度，通院・入院，休職・休暇）といいます。また，ストレスの原因を"ストレッサー"といいますが"ストレッサーと思しき要素"（職務不全，葛藤，多忙・多忙感，職場風土・組織文化，分掌，イラショナル・ビリーフなど）も整理しました。ストレスに立ち向かう心理的要素を"コーピング"（ソーシャルサポート，各種コーピング，教職観）といいます。これらを以下の6つに分けて整理しました。

  1．保育者・教師のストレスの概要
  2．ストレスの結果（ストレス反応や精神疾患）に関してわかったこと
  3．"何が原因なのか？"（ストレッサー）に関してわかったこと
  4．"ストレスに耐える要素"（ストレス抑制要因）を探ってわかったこと
  5．ストレスの問題をよくする実践研究
  6．その他

　ところで，3のストレスの原因については"学校種（職位・職種・分掌）"，"地域性"，"性差（ワークライフバランス）"によって当然ですが異なります。独特のストレッサーがそれぞれにありますし，ストレッサーのストレス反応への影響力の形（「モデル」といいます）も異なります。2ではモデルの違う職種

ごとにみてみました。また、この中で、あまり研究の蓄積のない職種については独自に調査と分析を実施し第2部にまとめています。

　ここではとにかくたくさん存在する"先生のストレス"つまり"学校園の限界"のリサーチを少しでも多く紹介するために敢えて論文・書籍の紹介に終始しました。論文は題目を書籍はその書籍名を表示した引用の形式をとり、概要の紹介しかしていません。書籍は絶版も少なくありませんが、図書館で取り寄せできます。論文は半分以上はインターネットの文献検索サイト『CiNii』で無料公開されています。是非、それぞれご自身で確認してそれぞれの筆者の思いをくみ取ってください。

1．保育者・教師のストレスの概要

　保育者や教師の「ストレス」について独自の調査研究を行うものは1990年代中盤から登場し、後述のようにそれ以前はほとんどありません。しかし、90年代からの20年で莫大な研究蓄積がなされています。これらは研究者によって個別のテーマごとにレビュー論文（展望論文ともいいます）としてとても丁寧にまとめられています（露口, 1996；相川, 1997；落合, 2003；西坂, 2003；田上ら, 2003；森・三浦, 2007など）。保育者や教師のストレスの研究をする上でこれらのレビュー論文はまず押さえたいところです。

　ストレスと類似のキーワードが多忙です。"多忙感"は主観ですので、ストレスの原因と同じ問題です。"多忙"は客観的時間ですから、負担や不快を感じるまではストレスとはいえませんが、まず間違いなく背景で関係のある要素といえます。21世紀になって大規模な多忙調査が行われました（国立大学法人東京大学, 2007a, 2007b）。この報告書は時間的多忙の問題を議論し、主観としての多忙感やストレスに関する議論は禁欲的なまでに控えています。その学校現場等への紹介を意識したレビューなどでは現在の学校経営と教育行財政、教育政策の課題の提案がなされています（小川, 2009）。また、それまでは多忙感（主観の評価）と多忙（客観的な時間などの数字）を曖昧なまま議論しているところが業界全体にありましたが、時間で見る限り"教師や学校が多忙化している"とは必ずしもいいきれません。数量的に確認できる客観的時間

と曖昧に感覚として言われてきた言説としての部分を分けて考える提案もあります（青木，2009）。考えてみれば人の1日は24時間で変化しません。24時間の時間の内容を把握する必要があります。ただ，それは「どう感じましたか？」だけではなく，"客観的にどのような時間が苦しいのか"を探る必要があります。そんなことをこの一連の研究は議論しています。また，教育行政も多忙改善を本気で考えはじめたのが21世紀01年代の特徴です。職務への貢献拡大を果たした実践報告（群馬県教育委員会・（財）社会経済生産性本部コンサルティング部，2008）なども有益な示唆をたくさん与えています。

　一方で教師ストレスや教師の多忙，教育困難に関する社会学であったり歴史的視点での論考も興味深いものがたくさんあります。例えば油布（1998）は「教師の"がんばり"は教育を救えるか」や「教師は何を期待されてきたか」として教師の職業の社会学的変遷を分析しています。NHK「日本の宿題」プロジェクト編（2001）『学校の役割は終わったのか』は21世紀の第三の教育改革が本格化する直前の教育荒廃と教師の苦難を整理しています。特に秦政春氏は教師のストレッサー研究の最初のお手本となった秦（1991）の執筆者でもあり，最も早くこの問題に注目していた人物でした。その他にも児童生徒，家庭，教師と現在の学校教育におけるストレスの課題が深刻で健康と充実の確保が困難になりつつある状況の描写（藤本，2006；武藤，2003など）や学校の多忙化やストレスの深刻化を地域全体の生涯学習社会の視点で戦前の学校の位置づけも交えた議論（望月，2004）は他にない個性的で説得力のある論考なので是非ご一読ください。

　ところで，多忙に関する勤務改善の研究は，教職員組合の調査以外に，秦（1989）や石堂（1973），岡東・鈴木（1996），大阪教育文化センター（1996）を除いて90年代中盤までほとんど行われませんでした。なぜ，"出遅れた？"の答えの一つが八木（2005）です。歴史研究としてユネスコ・ILOの1966年の「教師の地位に関する勧告」の後に実は国際的に教師の多忙と健康そしてその原因の一つとして特別支援教育の課題の議論がありながら，1970～1980年代の日本の教育がその議論に乗り遅れていた状況の描写があります。それまでは教師の多忙と待遇改善をしっかりした調査の上で議論していた教職員組合が歴史教科書問題や日の丸，君が代などにエネルギーの重点をシフトせず，この問

題にしっかり注目してくれていたら……このあたりは高木・北神（2016）の教師と学校の歴史の箇所で議論しています。

━━━━━━━━━━━ 【紹介したい先行研究】 ━━━━━━━━━━━

相川勝代 1997「教師のストレス」『長崎大学教育学部教育科学研究報告』52，pp.1-13.
青木栄一 2009「教員の勤務時間はどう変わってきたか」高階玲治編『子どもと向き合う時間の確保と教師の職務の効率化』教育開発研究所，pp.18-21.
藤本修 2006『メンタルヘルス―学校で，家庭で，職場で（中公新書）』中央公論
秦政春 1991「教師のストレス」『福岡教育大学紀要』40，pp.79-146.
石堂豊・萩原仁・岸本幸次郎・佐々木正治・高木良伸 1970「教職員の勤務構造の適正化に関する教育経営学的研究」『教育学研究』73（1），pp.32-44.
石堂豊 1973『教師の疲労とモラール』黎明書房
北神正行・高木亮 2007「教師の多忙と多忙感を規定する諸要因の検討Ⅰ―戦後の教師の立場と役割に関する検討を中心に―」『岡山大学教育学部研究集録』134，pp.1-10.
望月厚志 2004「学校社会におけるストレス構造と生涯学習」『常葉学園大学研究紀要（教育学部）』24，pp.189-204.
森慶輔・三浦香苗 2007「ソーシャルサポートの文献的研究」『昭和女子大学生活心理研究所紀要』10，pp.137-144.
武藤清栄 2003「教師のメンタルヘルスとは」『月刊生徒指導』2003年10月号（33巻12号），学事書房，pp.40-45.
NHK「日本の宿題」プロジェクト編 2001『学校の役割は終わったのか』NHK出版
西坂百合子 2003「我が国における教師ストレス研究の現状と課題」『学校教育学研究論集』8，pp.13-24.
落合美貴子 2003「教師のバーンアウト研究の展望」『教育心理学研究』51-3，pp.351-363.
小川正人 2009「"教員勤務実態調査"で浮かび上がった課題は何か」高階玲治編『子どもと向き合う時間の確保と教師の職務の効率化』教育開発研究所，pp.14-17.
岡邊健 1998「人間的かつ無謬な教師という幻想―金八先生は死んだ―」『NOMAD』オンライン雑誌
岡東壽隆・鈴木邦治 1996『教師の勤務構造とメンタル・ヘルス』多賀書房
高木亮 2011「教師の精神衛生・メンタルヘルスをめぐる学校経営および教育行政の課題と展望」『九州教育経営学会研究紀要』17，pp.63-70.
高木亮・北神正行 2007「教師の多忙と多忙感を規定する諸要因の検討Ⅱ―教師の多忙感としてのストレスの問題を中心に―」『岡山大学教育学部研究集録』135，

pp.137-146.
田上不二夫・山本純子・田中輝美 2003「教師のメンタルヘルスに関する研究とその課題」『教育心理学年報』43, pp.135-144.
露口健司 1996「学校組織風土と組織文化に関する研究動向レビュー」九州大学教育学部教育経営教育行政学研究室編『教育経営学　教育行政教育経営研究紀要』3, pp.91-98.
八木英二 2005「教師の人権と教職の役割変化」『部落問題研究』171, pp.40-97.
油布佐和子 1998「教師の"がんばり"は教育を救えるか」油布佐和子編『教師の現在・教職の未来』教育出版, pp.1-15.
油布佐和子 1998「教師は何を期待されてきたか──教師役割の変化を追う──」油布佐和子編『教師の現在・教職の未来』教育出版, pp.138-157.

2．ストレスの結果（ストレス反応や精神疾患）に関してわかったこと

　ストレスのよくない影響をストレス反応といいます。ストレス反応の尺度の作成やストレスと疾患との関連性などを議論したものを集めました。なお，八木（2005）は過労死した教員の過労死にいたるプロセスを裁判記録の報告という形で整理し報告しているのでここに参照しておきます。また，第2章で取り上げる精神科医の診察記録の研究発表は心理学・社会学研究では捉えられない深刻な状態の描写を成している貴重なものです。ただ，"精神疾患になった先生だけを集めた報告"と"大多数の通常勤務の先生対象の調査"を分けて考える必要はあるでしょう。保育者や教師のストレスに関する研究が最近激増する中でよく感じることですが，最近は調査研究と分析が手軽になりすぎてしまいました。とりあえず調査をする前に，まずは"学校園の先生が大変ということはどういうことなのか？"を個々で紹介するような各論考で充分に検討する必要があるように感じます。
　平成28（2016）年から労働安全衛生法の改正で学校園の先生もストレスチェックをすることになりました。今後はこの厚生労働省推奨のストレスチェックのデータ分析が主流になることでしょう。ですが，今現在の学校園の先生のストレスの結果としてもっとも多用され蓄積されている尺度はバーンアウト尺度です。3因子構造を基本とするマスラックバーンアウト尺度（MBI）

は田尾・久保（2007）により日本語版が作成され，伊藤（2000）が小中学校教師向けに微調整した尺度を発表したことから今までの研究の多くで使われています。また，1因子構造のパインズのバーンアウト尺度（BI）は1980年代というかなり早い時期に医療研究の分野で日本語版が整理され，医師と看護師の比較対象として教師に関する測定と議論もなされており（宗像ら，1988および宗像・椎谷，1986），MBIほどではないですが時々使われております。なお，宗像らの報告では当時の時点で医師や看護師よりも教師のバーンアウトが深刻であることが報告されています。このような尺度を用いるには"本当にストレスの結果なのか？"や"不健康や疾患と関係があるのか？"といった妥当性の検証が必要になりますが，バーンアウト尺度については柿田・渡辺・根本（1992）や小島・中村・篠原（1998，1999），山口（1999）など，また，マスラックバーンアウト尺度については田中（2007）や森（2007），谷島（2009）などで尺度自体に関する丁寧な議論をした上で用いられていることを報告しておきます。あわせて，教師以外の職種でよく用いられるGHQ（General Health Questionnaire）についても田中（2008）や北原（2010），平岡（2001）が議論を行っています。特に，GHQでも他職種より教師のストレスの高さが確認されている点はやはり"この職域が限界ぎりぎりでなんとかやっている状況"を示しているように思います。もっとも，これからは厚生労働省基準のストレスチェックが重要になりますので，バーンアウトやGHQの成果を参照しながら，労働安全衛生法に基づいたストレス改善を考えることの方が現実的であるように思います。

【紹介したい先行研究】

土居健郎監修，宗像恒次・稲岡文昭・高橋徹・川野雅資 1988『燃え尽き症候群―医師・看護師・教師のメンタルヘルス―』金剛出版

平岡永子「教師バーンアウトモデルの一考察」『関西学院大学臨床教育心理学研究』27, pp.17-25.

伊藤美奈子 2000「教師バーンアウトを規定する諸要因に関する探索的研究」『教育心理学研究』51, pp.251-260.

柿田恵子・渡辺実由起・根本橘夫 1992「教師の危機とその克服」『千葉大学教育学部研究紀要』第1部40, pp.25-44.
神谷かつ江 2004「教師のメンタルヘルス」『東海女子短期大学紀要』30, pp.55-64.
北原信子 2010「教師のストレスへの臨床心理学的援助の研究」『習得大学大学院研究紀要』17, pp.134-155.
小島秀夫・中村朋子・篠原清夫 1998「Golembiewskiバーンアウト・フェイズ・モデルの検討」『筑波大学教育学部紀要（教育科学）』47, pp.291-303.
小島秀夫・中村朋子・篠原清夫 1999「教師のバーンアウトの測定」『茨城大学教育実践研究』18, pp.43-58.
森慶輔 2007「公立中学校教員のバーンアウトプロセスモデルの検討」『昭和女子大学大学院生活機構研究科紀要』16（2）, pp.61-72.
宗像恒次・椎谷淳二 1986「中学校教師の燃えつき状態の心理社会的背景」『精神衛生研究』33, pp.129-153.
中島一憲編 2000『教師のストレス総チェック』ぎょうせい
中島一憲 2006『教師のメンタルヘルス』ぎょうせい
白石大介・諸富祥彦・岡田行弘・深津孝子・井上麻紀 2007「臨床教育シンポジウム記録―学校ストレスと教師のメンタルヘルス―」『臨床教育学研究』14, pp.53-71.
田中輝美 2007「日本の教師のバーンアウト測度に関する研究」『筑波大学学校教育論集』29, pp.45-50.
田中輝美 2008「中学校教師の精神的健康に関する研究GHQによる検討」『筑波大学学校教育論集』30, pp.1-6.
谷島弘仁 2009「教師バーンアウトの因子構造に関する検討」文教大学人間科学部編『人間科学研究』31, pp.77-84.
八木英二 2005「教師の人権と教職の役割変化」『部落問題研究』171, pp.40-97.
山口剛 1999「学校ストレスの臨床」河野友信・山口昌之編『ストレスの臨床』至文堂, pp.185-197.
山内久美・小林芳郎 2000「小・中・高校教員の教職に対する自己認識―教師に対する有効な学校コンサルテーションのために―」『大阪教育大学紀要 第Ⅳ部門』48-2, pp.215-232.

3．"何が原因なのか？"（ストレッサー）に関してわかったこと

90年代半ば以降，教師の多忙やストレスの原因が注目されました。すでにみたようなストレス反応の尺度が教職の分野でも普及し，"統計上ストレス反応の原因としての影響力が確認できる仕事や思い"としてストレスの原因（ストレッサー）が詳しく確認されるようになりました。学校種ごとに職務の内容

が異なりますので，整理しました。

ア）小・中学校教諭のストレッサー　まだ教師でも児童生徒でもストレスや健康という視点が注目されていない時期に石堂（1973）は義務教育学校教員の職域における職務・職場環境に関するストレッサーとストレス反応尺度との関わりを検討しています。筆者が今確認している限り，心理学研究の意味での"ストレッサー"を検討した最古の研究といえます。当時は1980年前後の中高生の生徒指導問題が発生する以前であったためか，小学校教師の方が疲労やストレスが高い点（今は中学校教師の方が高くなりがちです）は現在の目からみて興味深い指摘です。現在の教師の職業ストレッサーに関する諸研究が直接または間接的に引用しており，現在のストレッサーの測り方にもっとも影響していると考えられる研究が秦（1991）です。秦氏は自らの研究を「教育病理学」と表現しました。80年代に社会問題化した生徒指導上の諸問題として"いじめ"や"不登校"，"非行"などの極端な事例がマスコミを通して一般にも「病理的」として理解されました。教師のストレスはこれら「病理的な学校」の付随的な現象の一つとして注目されはじめた印象があります。

　ちょうど秦の論考と同時期に岡東・鈴木（1996）は教諭や管理職，養護教諭の探索的調査研究を実施しています。岡東氏・鈴木氏は，石堂氏の研究室の後継者であり，学校現場を心配して研究してきた大学の研究室があることを現場の先生にお伝えしておきたいと思います。あわせて，教育心理学よりも先に教育経営学がこの問題に注目してきたことも強調させて下さい。また，大阪教育文化センター（1996）も100を超える調査項目でバーンアウト尺度を規定する属性や主観的体験の関連要因の探索を行っています。岡東・鈴木（1996）も大阪教育文化センター（1996）も教育社会学的な，広く個々の項目でストレス反応の規定要因を探索する手法であり，90年代後半からの特定概念を複数の項目で尋ね因子構造などの上で分析を行う教育心理学的手法とは異なる方法論に基づいています。

　教育心理学的な研究では，特定の概念を測定する際に因子等の複数項目の合計または平均化された変数を設定し，そのために特定の概念を複数の項目群で測定し因子分析などを通してモデルの検討を行うことになります。90年代の

研究成果をみていきましょう。金子・針田（1993）は主に生徒指導問題を中心にストレッサーの構造と影響力を検討しようと試みています。鈴木（1993）は自由記述調査と量的調査を併用しながら職務にやる気を持つ教師ほど多忙となり，健康を害しやすいことを明らかにしています。斉藤（1996）も後藤・田中（1997；1998），松浦善満（1998）も教育課題や生徒指導問題など個別の職務の内容がストレス反応に与える影響を検討しています。このような中，現在の教師のストレス研究でもっとも引用され，現在も参考となっている研究が伊藤（2000）です。伊藤（2000）は教師の職務上のストレッサーの全体性を把握しようとした点が革新的でした。伊藤はすでに1995年の時点で児童生徒や教職観の理想と実態のズレが健康に影響を与えることを議論しています（伊藤，1995）。その上で，小中学校の教師が仕事の負担感の全体像を確認し，どの要素がバーンアウトにつながるかを明らかにした点が革新的でした。

　伊藤（2000）と同時期に注目されるようになったのが，教師間の関係はストレッサーともなれば癒し（「ソーシャルサポート」というストレス対処でもあります）にもなるという，「諸刃の剣」としての機能の検討です。管見の限りもっとも早いのが斉藤（1999）の体系的な教師間の関係をストレッサーでありサポートとして捉えた調査研究です。この他にも今津・田川（2000）や石川・中野（2001），田村・石隈（2001），秦（2002），西村（2004），岡安（2006）などほぼ同時期に大量に教師の人間関係のストレスの文脈での描写がなされています。教師間の連携である人間関係は良くも悪くも健康への影響力が強いことが明らかになっています。現在では教師間の人間関係の調整はコーディネートとして職務の重要な一種と捉えられていますが，90年代になって同僚間の協働やリーダーシップ・フォロワーシップなどはやっと少しずつ研究がすすんだ状況です。現在もですが，教師の仕事は児童生徒に関わることが中心になりすぎており，職員室は学校によって性質が大きく異なることもあって"仕事の背景"のように捉えられてきました。最近になって，"職員室の基盤（インフラ）"として注目されるようになったといえますが「チーム学校園」は「インフラ整備をはじめましょう」という掛け声のようなものでこれからの課題です。

　21世紀になり統計ソフトが進歩し，ストレッサーとストレス反応のモデルを独立変数と従属変数の単層構造のモデルでみるだけではなく，3段階以上の

因果モデルで検討し，直接効果や交互作用的影響過程だけでなく，間接効果や仲介効果，調整効果などの複雑なモデルの検討も可能になりました。具体的には斉藤（2000；2004）や米山・松尾・清水（2005），清水・米山・松尾（2006），清水・煙山・尼崎・松尾（2007），森（2007），北城（2008；2009），関山（2009），藤原・古市・松岡（2009），竹田ら（2011），森脇・松田（2011）など多数の検討が存在します。近年は地域やグループの規模ごとの検討を行うマルチレベル分析や個々人のデータを維持した縦断的分析を行うパネルデータ分析など革新的な手法も増えています。しかし，これらの分析は統計ソフトの価格や知識習得などコストが高く，学校現場では現実的ではないかもしれません。大学院進学などをされる先生は是非，検討してみてください。

【紹介したい先行研究】

網谷綾香 2002「不登校児童生徒の担任教師におけるバーンアウト傾向の背景要因の検討」『広島大学大学院教育学研究科紀要』3-51, pp.389-398.

藤井義久 2005「中学校教師の怒り経験とメンタルヘルスに関する研究」『学校メンタルヘルス』8, pp.93-102.

藤原忠雄・古市裕一・松岡洋一 2009「教師のストレスに関する探索的研究─性，年代，校種における差異の検討─」『教育実践学論集』10, pp.45-56.

後藤靖宏・田中妙 1997「教師の職務の現況とストレスの問題」『大分大学教育学部研究紀要』19-1, pp.215-230.

後藤靖宏・田中妙 1998「教師のストレスと健康管理に関する研究（その1）」『大分大学教育学部研究紀要』20-2, pp.265-276.

秦政春 1991「教師のストレス─教師ストレスに関する調査研究─」『福岡教育大学紀要』40-4, pp.79-146.

秦政春 1998「疲れ切った教師たち─教師のストレス─」『教育と医学』46-9, 729-737.

秦政春 2002「現代教師の日常性（Ⅰ）」『大阪大学大学院人間科学研究科紀要』28, pp.117-149.

秦政春 2003「苦悩する教師」『月刊生徒指導』2003年10月号（33巻12号），学事書房，pp.14-18.

平岡永子 2001「教師のバーンアウトモデルの一考察」『臨床教育心理学研究』27-1, pp.1-9.

平岡永子 2003「教師のバーンアウトモデルの一考察（2）」『教育学科研究年報』29,

pp.23-31.
今津孝次郎・田川隆博 2000「教員ストレスと教員間連携」『名古屋大学大学院教育発達科学研究科紀要（教育科学）』47-2, pp.129-144.
石堂豊 1973『教師の疲労とモラール』黎明書房
石川正典・中野明徳 2001「教師のストレスとサポート体制に関する研究」『福島大学教育実践研究紀要』40, pp.17-24.
伊藤美奈子 2000「教師のバーンアウト傾向を規定する諸要因に関する探索的研究」『教育心理学研究』48, pp.12-20.
金子劭栄・針田愛子 1993「小・中学校教師の職場ストレスに関する分析」『金沢大学教育学部紀要（教育科学編）』42, pp.1-10.
河村茂雄 2001「教師の職業生活自己分析尺度の作成」『学校メンタルヘルス』4, pp.55-63.
河村茂雄 2002「心の健康を損なう危険性の高い教師群についての検討」『学校メンタルヘルス』5, pp.67-74.
河村茂雄 2003「教師の心の健康」『月刊生徒指導』2003年10月号（33巻12号）, 学事書房, pp.19-23.
北城高広 2008「教師のストレッサーと心身の健康に関する調査研究（1）―教師用ストレッサー尺度の検討と個人の属性の関連について―」『青森県総合学校教育センター』F9-01.
北城高広 2009「教師のストレッサーと心身の健康に関する調査研究（2）―OKグラムと教師のストレッサー及びバーンアウトの関連について―」『青森県総合学校教育センター研究紀要』F9-01.
松浦善満 1998「疲弊する教師たち」油布佐和子編『教師の現在・教職の未来』教育出版, pp.16-31.
森慶輔 2007「公立中学校教員のバーンアウトプロセスモデルの検討」『昭和女子大学大学院生活機構研究科紀要』16（2）, pp.61-72.
森脇由梨子・松田修 2011「中学校用ストレッサー尺度の開発と検討」『東京学芸大学紀要. 総合教育科学系』62（1）, pp.189-196.
西村昭徳 2004「教職員間の人間関係に対する認知的評価」『学校メンタルヘルス』7, pp.65-73.
西村昭徳・森慶輔・宮下敏恵 2009「小学校教師におけるバーンアウトの因子構造の検討」『学校メンタルヘルス』12, pp.77-84.
岡東壽隆・鈴木邦治 1996『教師の勤務構造とメンタル・ヘルス』多賀書房
岡安孝弘 2006「中学生の組織特性と教師の心理的ストレス反応に関する研究」『明治大学心理社会学研究』1, pp.2-11.
大阪教育文化センター教師の多忙化調査研究会編 1996『教師の多忙化とバーンアウト』京都・法政出版
斉藤浩一 1996「中学校教師の心理的ストレス反応の特性とストレッサーからの影響」『高知大学教育学部研究報告』58-1, pp.43-52.

斉藤浩一 1999「中学校教師の心理社会的ストレッサー尺度の開発」『カウンセリング研究』32-3, pp.254-263.
斉藤浩一 2000「学校規模が中学校教師のストレスに及ぼす影響に関する因果モデル構築の試み」『高知大学教育学部研究報告』2-60, pp.299-305.
斉藤浩一 2004「中学校教師ストレスの構造的循環に関する実証的研究」『東京情報大学研究論集』8-1, pp.21-27.
関山徹 2009「小学校教師における心理的ストレス過程」『鹿児島大学教育学部研究紀要人文・社会科学編』60, pp.309-319.
清水安夫・煙山千尋・尼崎光洋・松尾一絵 2007「小学校教師の職業性ストレスモデルの開発」『ストレスマネジメント研究』4-1, pp.19-27.
清水安夫・米山恵美子・松尾一絵 2006「教師のワークストレスとストレスマネジメント」『現代のエスプリ』469, pp.133-145.
曽余田浩史・矢藤誠慈郎・温水慎也・別惣淳二・賈覚恒・青木薫 1991「教師のストレスと教職生活」『中四国教育学会教育学研究紀要』37-1, pp.350-357.
鈴木邦治 1993「教師の勤務構造とストレス」『日本教育経営学会紀要』35, pp.69-82.
高木亮・田中宏二・淵上克義・北神正行 2006「教師の職業ストレスを抑制する方法の探索」『日本教育経営学会紀要』48, pp.100-114.
竹田眞理子・坂田真穂・菅千索・菅眞佐子・山本岳・菅佐和子 2011「教師の職業ストレスについて（1）」『和歌山大学教育学部紀要』61, pp.119-126.
田村修一・石隈利紀 2001「指導・援助サービスの悩みにおける中学校教師の被援助指向性に関する研究」『教育心理学研究』49, pp.438-448.
田中宏二・高木亮 2007「個人内スキル活用と教師のキャリア発達」『教師の個人内スキル活用と教師のための社会的資源に関する総合研究』（科学研究費補助金基盤研究B研究16330127代表者：田中宏二・淵上克義）, pp.1-26.
田中輝美 2008「中学校教師の精神的健康に関する研究GHQによる検討」『筑波大学学校教育論集』30, pp.1-6.
米山恵美子・松尾一絵・清水安夫 2005「小学校教師のストレスに関する研究」『学校メンタルヘルス』8, pp.103-113.

イ）小・中学校教諭のストレスの前提自体を考える研究　ストレスの対策とズバリいっているわけではありませんが，ストレスの原因になる職務や職場環境の雰囲気，ストレス対処などの前提を"いかに変えることができるか"の仮説的議論をみていきたいと思います。経験的な議論が多いのですが，参考になる部分も多いと思います。

　まず，1980年代の状況を分析した研究では，ストレスの前提である学校での教育困難や教育問題の捉え方が変わったかという議論（例えば，松本・河上,

1994；稲垣・久冨，1994など）や職員室や管理職の指導性を最大化することで学校が改善されるという議論（例えば，牧，1999；岡東・福本，2000）が積み重ねられています。90年代になり教師の多忙・多忙化研究が蓄積（高旗・北神・平井，1992；池上，1994；神山，1995；油布，1995；藤田ら，1995；飛田・高良，1996；油布，1997）されていますが，いずれも時間などの客観的多忙よりは"多忙を感じる"という回答に基づいた多忙感に関するものが主となっています。このような多忙感研究の多くが教師の担っている仕事の範囲つまり職務が極めて広く曖昧であると訴えており，この認識は90年代ごろに共有されたといえるでしょう。また，このころ心理学的測定手法を用いた研究は自らの職務意識と実際の職務のマッチングと不適応などの検討を模索しています（例えば，松本・河上，1986；兵藤，1992；斉藤，1994；伊藤，1995）。これらが前史となった上で，先に記した小・中学校教諭の主観的職業の負荷の全貌とストレス反応をモデル化する教師ストレス研究が2000年代になり成立したことがわかります。また，"イラショナルビリーフ"のストレッサー形成のようにストレスになる前の部分に健康のカギが隠れているというのもストレス状況の改善につながる余地があるのではないかと思います。

　ここで留意したいのは主に小中学校教諭に関する議論が前提となり，それが「教師ストレス」に読み替えられている現在の傾向です。後述しますが高校教諭の研究は相対的に少なく，幼稚園教諭や保育士，養護教諭，学校管理職に関する研究はさらに少ない状況です。また，教育行政勤務の教員に関する研究は探しても存在しませんでした。小中学校教諭とはまた異なるストレスの内容や傾向，メカニズムを丁寧に取り上げることは今後の高校教師，保育者，養護教諭および教育行政勤務者研究の課題といえるでしょう。

【紹介したい先行研究】

相川充　2011「教師のソーシャルスキル自己評定尺度の構成」『東京学芸大学紀要．総合教育科学系』62（1），pp.133-148．
赤岡玲子・谷口章子　2008「教師の対人ストレス」『山梨大学教育人間科学部紀要』10，pp.328-334．

赤岡玲子・谷口章子 2009「教師の対人ストレスに関する基礎的研究」山梨大学教育学部教育実践センター編『教育実践研究』14，pp.159-166.
安藤知子 2000「教師のモラールとモチベーション」大塚学校経営研究回編『現代学校経営論』pp.28-35.
青木栄一編 2008『教員業務の軽減・効率化に関する調査研究報告書』（国立教育政策研究所平成20年度重点配分経費報告書）
青木栄一編 2009『教員の業務と校務運営の実態に関する研究報告書』（国立教育政策研究所平成21年度重点配分経費報告書）
荒木紀幸・小原政秀 1990「教師ストレスに関する基礎的研究―教師ストレス検査の開発―」『学校教育学研究』2，pp.1-18.
藤田英典・油布佐和子・酒井朗・秋葉昌樹 1995「教師の仕事と教師文化に関するエスノグラフィ的研究―その研究枠組みと若干の実証的考察―」『東京大学大学院教育学研究科紀要』35，pp.29-66.
福本いく子 2002『教師のポジティブな信念・かかわりが教育活動に及ぼす影響―公立高校の教師・生徒・保護者を対象とした調査研究から―』（兵庫教育大学大学院学校教育研究か学位論文）ZE10601-003
秦政春 1997「子どもからの挑戦」『教職大変な時代』教育開発研究所，pp.40-54.
羽鳥健司・小玉正博 2003「教師のイラーショナル・ビリーフとバーンアウトの関連」筑波大学大学院人間総合科学研究科編『教育相談研究』41，pp.13-19.
堀井啓幸 2009「中学校の勤務実態―何が課題か―」高階玲治『子どもと向き合う時間の確保と教師の職務の効率化』教育開発研究所，pp.26-30.
兵藤啓子 1992「小学校教師のストレスとカウンセリング」『カウンセリング研究』25-2，pp.8-20.
飯塚峻 2007「管理職のパワーハラスメント」『教師のストレス対処ハンドブック（児童心理臨時増刊No.861）』2007年6月号，pp.140-143.
池田芳和 2009「教員の仕事の実態と"やりがい感"の実際（小学校）」高階玲治編『子どもと向き合う時間の確保と教師の職務の効率化』教育開発研究所，pp.39-42.
池上三郎 1994「教員の「多忙感」に関する一考察」兵庫教育大学教育経営講座学校経営研究室編『現代学校経営研究』pp.57-65.
稲垣忠彦・久冨善之 1994『日本の教師文化』東京大学出版会
伊藤美奈子 1995「教師の生徒観・教師観に関する一考察―理想の教師のよる6つのタイプ観比較―」『神戸国際大学紀要』49，pp.26-34.
伊藤美奈子 2010「女性教師のストレスの背景にある内在化された"思いこみ"」『日本教育心理学会第52回大会（於早稲田大学）自主シンポジウム　女性教師のストレス，研究と改善の課題議事録』
神山知子 1995「研修における教師の多忙感受容を促す要因に関する検討」『日本教育経営学会紀要』37，pp.115-128.
笠井孝久・三浦香苗 1999「教師からみた生徒―教師関係―関わりにくさの観点から―」『千葉大学教育実践研究』6，pp.103-111.

加藤法子・平賀健太郎・山本晃 2008「教員を目指す学生における精神的不健康のなりやすさと性格特性」『大阪教育大学紀要第四部門』56-2，pp.251-267.
河村夏代・鈴木啓嗣・岩井圭司 2003「中学校教師の"ビリーフ"に関する研究」『発達心理臨床研究』9，pp.79-86.
河村茂雄・國分康孝 1996「小学校における教師特有のビリーフについての調査研究」『カウンセリング研究』29，pp.44-54.
河村茂雄・田上不二夫 1997「教師の教育実践に関するビリーフの強迫性と児童のスクール・モラールとの関係」『教育心理学研究』45，pp.213-219.
河村茂雄・田上不二夫 1998「教師の指導行動・態度の変容への試み（2）」『カウンセリング研究』31-3，pp.34-49.
菊地栄治 1997「教師文化」『教職大変な時代』教育開発研究所，pp.246-252.
北神正行 2000「学校のスリム化と学校改善―教師の職務意識調査の分析を通して―」『現代学校経営改革論』pp.146-160.
国立大学法人東京大学 2006『教員勤務実態調査（小・中学校）報告書』（平成18年度文部科学省委託調査研究報告書）
国立大学法人東京大学 2007『教員の業務の多様化・複雑化に対応した業務計量手法の開発と教職員配置制度の設計―教員と教員サポート職員による業務の適切な分担とアウトソーシングの可能性―報告書（第一分冊）』（平成19年度文部科学省新教育システム開発プログラム報告書，採択番号72）
国立大学法人東京大学 2007『教員の業務の多様化・複雑化に対応した業務計量手法の開発と教職員配置制度の設計―教員と教員サポート職員による業務の適切な分担とアウトソーシングの可能性―報告書（第二分冊）』（平成19年度文部科学省新教育システム開発プログラム報告書，採択番号72）
腰超滋・林尚示 2009「体験活動の推進の背後にある教師の多忙感」『東京学芸大学紀要　総合教育科学系』60，pp.27-37.
久冨善之 1995「教師のバーンアウトと自己犠牲的教師像の今日的転換」『一橋大学研究年報社会学研究』34，pp.3-42.
牧昌見 1997「教師のライフ・サイクルと教職の将来」『教職大変な時代』教育開発研究所，pp.127-138.
牧昌見 1999『改訂学校経営診断マニュアル』教育開発研究所
松本良夫・河上婦志子 1986「中学校教員の役割パターンと不適応」『東京学芸大学紀要　1部門』37，pp.135-148.
松本良夫・河上婦志子 1994『逆風のなかの教師たち』東洋館出版
水本徳明 2009「教職員の健康・学校組織の健康」（日本教育経営学会第49回大会シンポジウム発表資料）
中島一憲 2003『先生が壊れていく』弘文堂
越智康詞・志波利香 2000「教職の特性と教師の『心の病』に関する研究」信州大学教育学部附属教育実践総合センター紀要『教育実践研究』1，pp.19-30.

落合美貴子 2003「教師のバーンアウトのメカニズム―ある公立中学校職員室のエスノグラフィー―」『コミュニティ心理学研究』6-2, pp.72-89.
落合美貴子 2004「教師のバーンアウトのダイナミズム―解釈的アプローチと生態学的視座によるバーンアウトモデルの構築―」『人間性心理学研究』22-2, pp.1-12.
岡東壽隆・福本昌之 2000『学校の組織文化とリーダーシップ』多賀出版
大前哲彦・杉江修治・西村絢子・横山政夫・八木英二 2002「課題研究Ⅱ教師のストレスと教師教育の課題」『日本教師教育学会年報』11, pp.159-163.
斉藤浩一 1994「教師と生徒の人間関係に関する民族誌学的研究」『カウンセリング研究』27-2, pp.49-59.
坂本孝徳 1997「教師の役割の拡大」『教職大変な時代』教育開発研究所, pp.79-88.
佐藤春雄 1997「親・地域からの挑戦」『教職大変な時代』教育開発研究所, pp.55-67.
佐藤智恵・七木田敦 2007「幼稚園教諭のBeliefに関する研究―小学校教員との比較から―」『広島大学大学院教育学研究科紀要』3-56, pp.333-339.
白石大介・諸富祥彦・岡田行弘・深津孝子・井上麻紀 2007「臨床教育シンポジウム記録―学校ストレスと教師のメンタルヘルス―」『臨床教育学研究』14, pp.53-71.
杉若弘子・伊藤佳代子 2004「小・中学校教員のストレス経験」『奈良教育大学紀要』53, pp.55-63.
諏訪英広 1994「教師の力量形成における専門職文化の役割に関する一考察」中国四国教育学会編『教育学研究紀要』40-1, pp.340-345.
諏訪英広 1995「教師間の同僚性に関する一考察―ハーグリーブスによる教師文化論を手がかりに―」『広島大学教育学部紀要第一部（教育学）』44, pp.213-220.
諏訪英広 2001「教師の同僚関係に関する研究―小学校教師における同僚関係の諸相―」中国四国教育学会編『教育学研究紀要』47-1, pp.408-413.
高旗正人・北神正行・平井安久 1992「教師の"多忙"に関する調査研究」岡山大学教育学部附属教育実習センター編『教育実習研究年報』3, pp.1-29.
高野あゆみ 2006「教師特有のイラーショナル・ビリーフが教師・児童のストレス反応に及ぼす影響」『北海道医療大学眞理化学研究紀要』2, p.152.
高階玲治 2009「教員の残業時間・持ち帰り時間料の実態」高階玲治編『子どもと向き合う時間の確保と教師の職務の効率化』教育開発研究所, pp.31-34.
田中輝美・杉江征・勝倉孝治 2003「教師用ストレッサー尺度の開発」『筑波大学心理学研究』25, pp.141-148.
飛田操・高良美樹 1996「中学校教諭の多忙さについての組織心理学的研究」『福島大学教育実践紀要』30, pp.77-84.
都丸けい子・庄司一子 2005「生徒との人間関係における中学校教師の悩みと変容に関する研究」『教育心理学研究』53, pp.467-478.
露口健司 1996「校長のリーダーシップが児童の教育パフォーマンスに与える影響」『日本教育行政学会年報』pp.123-136.
露口健司 2008『学校組織のリーダーシップ』大学教育出版

山口満 2009「小学校の勤務実態―何が課題か―」高階玲治編『子どもと向き合う時間の確保と教師の職務の効率化』教育開発研究所，pp.22-25.
山口恒夫・後藤佑貴子・山口美和 2000「教師の心の病と職場の人間関係」信州大学教育学部附属教育実践総合センター紀要『教育実践研究』1，pp.1-10.
山内久美・小林芳郎 2000「小・中・高校教員の教職に対する自己認識―教師に対する有効な学校コンサルテーションのために―」『大阪教育大学紀要 第Ⅳ部門』48-2，pp.215-232.
油布佐和子 1995「教師の多忙化に関する一考察」『福岡教育大学紀要（第四分冊）』44，pp.197-210.
油布佐和子 1997「教師の役割の変化に関する一考察」『福岡教育大学紀要』46-4，pp.103-111.
油布佐和子 1998「教師集団の解体と再編―教師の"協働"を考える―」油布佐和子編『教師の現在・教職の未来』教育出版，pp.52-70.
吉田和子 2004「教育現場の実態と教育行政の課題」『岐阜大学教育学部研究報告 教育実践研究』6，pp.1-16.
吉田和夫 2009「指導の実態と教師の"やりがい感"の実際（中学校）」高階玲治編『子どもと向き合う時間の確保と教師の職務の効率化』教育開発研究所，pp.43-46.

ウ）保育者（幼稚園教諭・保育士）のストレッサー研究

幼稚園教諭・保育士については"教師"というよりは"保育者"という別の職種であると考えたほうがいいと思います。21世紀の現在，幼稚園教諭免許と保育士資格を併有する（または，保育教諭免許状の取得）ことは当たり前になりました。しかし，20世紀までは保育所勤務は保育士資格だけで，幼稚園勤務は幼稚園教諭免許だけで許されることも多く，人事異動等で保育園と幼稚園をそれぞれ勤務する経験も稀でした。つまり，20世紀までは，幼稚園教諭と保育士もそれぞれ独特の職務と職域をもった別の職種であり，21世紀になってから保育者という両者をあわせた職域に転換したと考えた方がいいといえます。さて，保育者のストレスの原因に関わる調査研究を集めてみましょう。

主に保育者については1970年代に膝や腰などの労働災害的な身体的障害が問題視され，ストレスよりも「健康」が主なテーマでした。しかし，すでにみた小中学校教諭のストレス研究，特に伊藤（2000）のストレス研究後に保育者のストレス研究は急増します（西坂，2002；西坂・岩立，2004；上村・七木田，2006；佐藤・七木田，2007；西坂，2008；山城・山地・嘉数，2009；宮下，2010；石川・井上，2010；赤田，2010；神谷ら，2011；坂本・小山・一門，

2011）。研究は決して少なくはないですが，小・中学校教諭研究と比べて蓄積が少なく，課題も少なくありません。具体的には神谷ら（2011）が指摘するように圧倒的に私立園が多い中で公立園と私立園では同じ職種としては極めて実態が異なる点，また，西坂（2008）や高木・川上（2013）の指摘する職場環境が同僚の少なさや管理職と保育者の仕事の内容にあまり差がないという点は小中学校教師とは異なる点です。他の学校の先生は保育者という職域が，"心の健康以前に身体の不健康や雇用の安定性に欠けること"と"管理職が教諭や保育士同様に忙しいこと"は意識していただくと有益でしょう。今後は例えば金城・安見・中田（2011）が指摘するように幸福や充実感に注目した議論も有益だといえます。

【紹介したい先行研究】

赤田太郎 2010「保育士ストレス評定尺度の作成と信頼性・妥当性の検討」『心理学研究』81-2，pp.158-166.
石川洋子・井上清子 2010「保育士のストレスに関する研究（1）」文教大学教育学部『教育学部紀要』44，pp.113-120.
神谷哲司・杉山隆一・戸田有一・村上祐一 2011「保育園における雇用環境と保育者のストレス反応」『日本労働研究雑誌』608，pp.103-114.
金城悟・安見克夫・中田英雄 2011「保育職の大変さとやりがいに関する保育職の意識構造について」『東京成徳短期大学紀要』44，pp.25-44.
宮下敏恵 2010「保育士におけるバーンアウト傾向に及ぼす要因の検討」『上越教育大学紀要』29，pp.177-186.
西坂小百合 2002「幼稚園教諭の精神的健康におよぼすストレス，ハーディネス，保育者効力感の関係」『教育心理学研究』50，pp.283-290.
西坂小百合 2008「幼稚園教師のストレスと精神的健康に及ぼす職場環境，精神的回復力の影響」『立教女学院短期大学紀要』38，pp.91-99.
西坂小百合・岩立京子 2004「幼稚園教師のストレスと精神的健康に及ぼすハーディネス，ソーシャルサポート，コーピング・スタイルの影響」『東京学芸大学紀要第一部門』55，pp.141-149.
坂本裕・小山徹・一門惠子 2011「幼児教育担当者のバーンアウトに関する研究」岐阜大学教育学部編『教師教育研究』7，pp.47-54.
佐藤智恵・七木田敦 2007「幼稚園教諭のBeliefに関する研究―小学校教員との比較から―」『広島大学大学院教育学研究科紀要』3-56，pp.333-339.

高木亮・川上泰彦 2013「保育者の教職キャリアに関する検討」『佐賀大学文化教育学部研究論文集』18（1），pp.45-60.
高木亮・波多江俊介 2014「保育者の教職キャリアに関する検討（2）」『就実大学教育実践研究センター』7, pp.155-166.
上村真生・七木田敦 2006「保育士が抱える保育上のストレスに関する研究」『広島大学大学院教育学研究科紀要第三部』55, pp.391-395.
山城真紀子・山地亜矢子・嘉数朝子 2009「沖縄県の保育者の職業ストレスと健康についての研究2」『琉球大学教育学部紀要』169, pp.207-215.

エ）高校教師のストレスの原因 　　高校教師についてストレスの原因に関わる調査研究をみていきましょう。小島・中村・篠原（1997）がストレスモデルの基礎分析を行い，新井（1999）はレビューと複数の調査研究，さらに自らの教職経験をもとに様々な分析的論考を行っています。このあたりが高校教師に注目した最初のまとまった議論といえます。引き続き，八並・新井（2001）は現職者・教職経験者としての視点で量的方法でストレスの原因について検討し，柳瀬（2003）も現職高校教諭としての視点で実証研究と論考を試みています。小島・中村・篠原（2003）は高校の学校ごとにストレッサーと多忙の比較を試みています。また，布川（2006，2007，2009，2010）は高校教師の勤務時間を一貫して検討しており，学校種や教育改革による勤務時間の推移などを少人数ながら丁寧に把握し，多忙や労働負荷についての議論を積み重ねています。

　高校教師の職務のストレッサーの議論は馬野・山口（2007）や竹田ら（2011）が尺度化を試みており，ストレス反応との相関を検討しています。しかし，校種独自のストレッサーを尺度化するということは他の学校種の教師との比較ができなくなってしまうことを意味しており，難しい側面があるといえます。一方で藤原・古市・松岡（2009）は多量なデータで小学校と中学校，高校といった校種の教諭の比較を検討しており，高校教諭独自の項目ではなくストレッサー・ストレス反応の負荷・因果モデルの相対化に成功しています。特に，筆者の藤原忠雄氏は高校教諭として特別支援学校や定時制高校，教育センターも勤務した上で研究者になった人物で，その上で語られる高校教師の議論は大きな意義がある論考といえるでしょう。しかし，藤原・古市・松岡（2009）は各学校の教師に共通した質問項目づくりを意識し，各ストレスの点数やモデルの比較をなしえている一方で，高校教師特有のストレスの質はわかりにくくなっ

ています。学校種ごとの同一尺度で相対的比較を行う視点と相対化をあきらめ，各学校種の固有性を比較する視点のそれぞれを考える必要を示唆しています。福本（2002）は実証的データを検証しながらも，認知カウンセリング的な緩和介入を高校教諭対象に試みており，ケーススタディ的規模とはいいながら改善効果を明らかにしている点で特長的な性質を示しています。あえて"特長"つまり"セールスポイント"という語句を用いましたが，"できるところからよくしていく"という認知カウンセリングの重要な発想を読み取ることができます。

【紹介したい先行研究】

新井肇 1999 『"教師"崩壊―バーンアウト症候克服のために―』すずさわ書店
藤原忠雄・古市裕一・松岡洋一 2009 「教師のストレスに関する探索的研究―性，年代，校種における差異の検討―」『教育実践学論集』10，pp.45-56.
布川淑 2006 「教師の多忙と多忙感」『立命館産業社会論集』42-3，pp.87-108.
布川淑 2007 「高校教育改革と教師の多忙」『日本教育社会学会発表論文集』59，pp.113-114.
布川淑 2009 「学校教師の勤務時間」『立命館大学産業社会論集』45-5，pp.39-59.
布川淑 2009 「教育活動と勤務時間」『立命館大学産業社会論集』45-3，pp.17-42.
布川淑 2010 「学校教育改革と教師の多忙」博士論文要旨『立命館大学産業社会論集』
福本いく子 2002 『教師のポジティブな信念・かかわりが教育活動に及ぼす影響―公立高校の教師・生徒・保護者を対象とした調査研究から―』（兵庫教育大学大学院学校教育研究科学位論文）
小島秀夫・中村朋子・篠原清夫 1997 「高校教師のストレスの分析」『茨城大学教育学部紀要（人文・社会科学，芸術）』46，pp.175-185.
小島秀夫・中村朋子・篠原清夫 2003 「高校間格差と高校教師」『茨城大学教育実践』22，pp.293-238.
竹田眞理子・坂田真穂・菅千索・菅眞佐子・山本岳・菅佐和子 2011 「教師の職業ストレスについて（1）」『和歌山大学教育学部紀要』61，pp.119-126.
馬野博行・山口正二 2007 「高校教師の学校ストレスに関する実証的研究」『学校カウンセリング研究』9，pp.1-9.
柳瀬秀共 2003 「今日の教育構造の課題」『物理教育』51-2，pp.73-78.
八並光俊・新井肇 1998 「高校教師のバーンアウトに関する研究」中国四国教育学会編『教育学研究紀要』44-1，pp.463-473.
八並光俊・新井肇 2001 「教師バーンアウトの規定要因と軽減方法に関する研究」『カ

オ）特別支援学校・特別支援学級教諭ストレス研究　特別支援教育に関わる教師についてストレス反応もしくはストレッサーに関して量的に検討した調査研究を集めました。しかし，特別支援学校勤務の教諭については大藤（2000）が検討して以来ずっと論考がなく近年になって森・田中（2012）や前原・増田（2016）が発表されている状態です。特別支援学校教諭に関するストレス研究は量的研究以外の論考に関するものについても管見の範囲ではあまり見当たらず，ストレス研究を進める上で大きな課題になる校種といえます。特に，特別支援学校は他の初等中等教育と異なり子供当たりの教員数が多いという労働集約性の強い性質を持つ点と，時々現職教諭の間で噂されるように"特に志の高い教諭と他の学校では引き受け手のない教諭によって構成されている"などといわれている点は今後，検証を要するように思われます。筆者などは大学教員ゆえに何とか務まっているものの，小学校や中学校の教師は務まらない・問題が多いというのを自覚しております。まだ言語化できないような，その"学校でこそ務まる"はその中身を詳しく検討する視点であるように感じます。

　一方で特別支援学級教諭の調査研究は多い印象です。具体的には田川・後藤（1991；1991）や笠原（1998）と笠原ら（1999）など個人の学位研究による報告は前世紀から存在し，21世紀になってからは田中（2008）や竹田ら（2011）のように伊藤（2000）の教諭の職務ストレッサー・バーンアウト過程の研究の影響がみられます。また，臨床心理士でもある高田純氏は教師が特別支援的課題を分掌として，担任として背負った際のストレスに注目して研究しています（高田，2009；高田ら，2011）。これはノーマライゼーションであったりインクルーシブ教育といったように"ハンディキャップの垣根のない学校"を考えた際の難しさや限界を考える大きな参考になる指摘にあふれた研究であるといえるでしょう。今後は全ての教師に特別支援的な職能の視点が必要となるようですが，特別支援学校や学級の勤務者研究と並行して，通常の教師が特別支援を担う上でのストレスとその支え方を模索していくことが有益といえるでしょう。

【紹介したい先行研究】

後藤容子・田川元康 1991「特殊教育担当教員の精神的健康調査（その2）―燃えつき・ストレス・対処行動の3尺度について―」『和歌山大学教育学部紀要教育科学編』40, pp.115-122.

笠原芳隆 1998「特殊学級担任が抱える学級経営上の諸問題―学校経営との関わりから―」『上越教育大学研究紀要』17-2, pp.688-697.

笠原芳隆・村中智彦・安藤隆男・藤井和子 1999「特殊学級担任教員の特性と職務」『上越教育大学研究紀要』19-1, pp.357-367.

前原葉子・増田健太郎 2016「特別支援学校教師のストレスに関する探索的研究」『九州大学大学院人間環境学研究院紀要』17, pp.19-28.

森浩平・田中敦士 2012「特別支援教育に携わる教師の精神健康度とストレス要因」『琉球大学教育学部紀要』80, pp.183-189.

大藤惠子 2000『障害児教育に携わる教師のストレス』兵庫教育大学大学院修士論文

田川元康・後藤容子 1991「特殊教育担当教員の精神的健康調査（その1）―調査の概要，仕事の志気の尺度について―」『和歌山大学教育学部紀要教育科学編』40, pp.103-114.

高田純 2009「障害のある児童の担任教師のバーンアウト傾向，職場環境ストレッサー，特別支援教育負担感，自己効力感」『学校メンタルヘルス』12（2）, pp.53-60.

高田純・中岡千幸・黄正国 2011「小学校教師の特別支援教育負担意識とメンタルヘルス要因」『広島大学心理学研究』11, pp.241-248.

竹田眞理子・坂田真穂・菅千索・菅眞佐子・山本岳・菅佐和子 2011「教師の職業ストレスについて（1）」『和歌山大学教育学部紀要』61, pp.119-126.

田中敦士 2008「障害児の指導に関わる教員のメンタルヘルスとストレスコーピングの機序解明」大和証券ヘルス財団第33回（平成18年度『中・高年者の保健・医療および福祉等に関する調査研究』), pp.156-166.

カ）管理職ストレス・職能研究　管理職のストレスに関する研究を集めてみました。薩日内（1998）は悩みとしてストレスの原因そのもののリスト化を試み，信實（2000）は職務ストレッサーと同僚との関連性の測定を心理学的なモデルで試みています。社会学的視点の議論としては篠原（2001，2002）さらに小島・中村・篠原（2005）が管理職の地域差や年齢，学校種などとともに適応課題のリスト化などの検討を試みています。

　ところで，ストレス研究に限らない話ですが管理職という場合ほとんどが校長を指し，教頭の職務およびその課題，ストレスなどに関する議論は極めて少

ない印象です。また，幼保園保育者をテーマにした研究は見当たりません。例外は藤原（2005）と露口（2012）の検討です。校長と副校長，教頭の共通化されたストレッサーの得点比較とバーンアウトに至る適合モデルの比較検討を行っており，校長と教頭では当然ながら負担になる課題が異なることを明らかにしています。データ収集がなかなか難しいのだとは思いますが，一般的に予算権限の強い高校と特別支援学校の管理職は学校経営に強い力を発揮します。比べて小中学校の管理職は自虐的に「フランチャイズ外食店の雇われ店長みたいなもの」とおっしゃっている話を何度か聞きました。あわせて，保育園や幼稚園では園長は他の教諭や保育士同様の身体負荷があるケースが多いことなどはすでに指摘しました。職務や仕事の効力感，満足感などの側面からの学校種ごとの管理職比較は今後の課題といえるでしょう。

【紹介したい先行研究】

藤原文雄 2005「教頭職の職務と力量形成に関する研究（1）─高等学校教頭に対するパイロット調査報告─」『静岡大学教育学部付属教育実践総合センター紀要』11, pp.121-135.
小島秀夫・中村朋子・篠原清夫 2000「教育管理職者の職業的社会化の研究」『茨城大学教育学部紀要（人文・社会科学，芸術）』49, pp.157-170.
小島秀夫・中村朋子・篠原清夫 2005「高校管理職者の職業的社会化の研究」『茨城大学教育学部紀要（教育科学）』54, pp.461-470.
信實洋介 2000『学校管理職の職務上のストレスに関する実証的研究』（岡山大学大学院教育学研究科学校教育臨床専攻修士論文）
薩日内信一 1998「校長・教頭が抱えるストレス」『児童心理』52-18, pp.136-141.
篠原清夫 2001「教育管理職者の職業的社会化」『日本教育社会学会大会発表要旨集録』53, pp.306-307.
篠原清夫 2002「校長の職業的社会化に関する研究」『人文科学論究』10, pp.53-63.

キ）養護教諭のストレス・職能研究　養護教諭は他の教諭と大きく異なる職務や職能，その課題を有しています。職務を丁寧に整理した研究も多いので整理してみましょう。

　古いものとしては鈴木・別惣・岡東（1994）と鈴木ら（1994）がストレッサーのリスト化を検討し，その再構成の検討である岡東・鈴木（1996）は養護教諭

の役割に関するストレッサーの実態と影響力の検討を試みています。

90年代中盤以来ストレスの原因に関する探索的研究（例えば，相川，1998；石原・小野・中筋，1998；相川，1999）がなされ，後半には本格的に不健康との関係においてストレスの原因の検討を行った研究が多数登場します（廣瀬・有村，1999；鈴木・池田・河口，1999；早坂，2001；有村，2002；2003；中西，2004）。また，伊藤（2003）はスクールカウンセラーの存在が養護教諭のストレッサー改善に影響力を持つことも明らかにしています。

ところで，養護教諭の職務が保健室の外や身体的な不調・ケガ以外のケアなどに広がったのは90年代以降の現象だそうです（例えば，杉村，2004；久保，2009）。原田（2003）や油布・洞（2005）が指摘するように新しくなり続ける職務の内容に対してどのように適応していくか，適応支援の環境を作っていくかは今後養護教諭の仕事の在り方だけでなく，学校の教職員の時代への適応に示唆を与える視点であると感じられます。これらを考えれば，各年代ごとの調査研究や養護教諭への聞きとりなどを通して，歴史的にニーズと職能が激変した養護教諭・保健室の歴史研究が，養護教諭の未来だけでなく栄養教諭やスクールカウンセラー，スクールソーシャルワーカーの今後に有益な示唆を示すように考えられます。

【紹介したい先行研究】

相川勝代 1998「養護教諭の役割とストレス（第一報）」『長崎大学教育学部紀要教育科学』54，pp.17-25.
相川勝代 1999「養護教諭の役割とストレス第Ⅱ報」『長崎大学教育学部紀要教育科学』56，pp.1-9.
有村信子 2002「養護教諭の複数配置やスクールカウンセラーが養護教諭の執務に与える影響（Ⅰ）」『鹿児島純心女子短期大学研究紀要』32，pp.1-13.
有村信子 2003「養護教諭の複数配置やスクールカウンセラーが養護教諭の執務に与える影響（Ⅱ）」『鹿児島純心女子短期大学研究紀要』33，pp.19-29.
原田唯司 2003「学校教育相談の現状と今後の検討課題―養護教諭を対象とする意識調査から」『静岡大学教育学部研究報告（人文・社会科学編）』54，pp.297-311.
早坂幸子 2001「養護教諭の職務認識による行動の類型化」『日本養護教諭教育学会誌』4-1，pp.69-77.

廣瀬春次・有村信子 1999「養護教諭の精神的健康に及ぼす職場ストレスの影響」『学校保健研究』41, pp.74-82.
石原昌江・小野千衣子・中筋雅子 1988「養護教諭の職務に関する研究（第7報）」『岡山大学教育学部研究集録』75, pp.68-76.
伊藤美奈子 2003「保健室登校の実態把握ならびに養護教諭の悩みと意識—スクールカウンセラーとの協働に注目して—」『教育心理学研究』51, pp.251-260.
久保千恵子 2009「養護教諭への役割期待に関する研究—テレビドラマにおける養護教諭の表象に注目して—」『東北大学大学院教育学研究科研究年報』57-2, pp.29-47.
中西三春 2004「養護教諭の職業性ストレスと精神的健康」『学校メンタルヘルス』7, pp.25-34.
岡東壽隆・鈴木邦治 1996『教師の勤務構造とメンタル・ヘルス』多賀書房
杉村直美 2004「養護教諭という職」『名古屋大学大学院教育発達科学研究科紀要』51-1, pp.75-86.
鈴木邦治・別惣淳二・岡東壽隆 1994「学校経営と養護教諭の職務（Ⅱ）—養護教諭の役割と「位置」の認知を中心として—」『広島大学教育学部紀要　第一部』43, pp.153-163.
鈴木邦治・別惣淳二・岡東壽隆・湯藤定宗 1994「学校経営と養護教諭の職務（Ⅲ）—養成課程および学校段階との関連を中心に—」『中国四国教育学会　教育学研究紀要』40-1, pp.318-327.
鈴木邦治・池田有紀・河口陽子 1999「学校経営と養護教諭の職務（Ⅳ）—養護教諭のキャリアと職務意識—」『福岡教育大学紀要』48-4, pp.23-40.
油布佐和子・洞沙織 2005「養護教諭の生活と意識（2）—15年の変容をたどる—」『福岡教育大学紀要』54-4, pp.41-55.

ク）教師のストレスの原因としての信念（ビリーフ）研究　　教職観の中で「過剰な理想」や「無理のある信念」が現実との間で葛藤を起こすことで生じるストレスの原因である"イラショナルビリーフ"に関わる議論がたくさんあるので集めてみました。90年代までは"強い信念"や"特有の思考形態"という文脈で描写されているものが多いのですが（例えば久冨, 1995；河村・田上, 1998など），認知心理学におけるイラショナルビリーフつまり"無理な信念"ゆえに帰結的にストレッサーとなる思考形態としてストレス反応との関係が成立します（河村・國分, 1996など）。21世紀になると"イラショナル・ビリーフ"という表現がなされストレッサーとしての機能が検証されています（土井, 2001；羽鳥・小玉, 2003；河村ら, 2003；高野, 2006）。このようなイラショナル・ビリーフをストレッサーとして注目することの価値は, イラショ

ナル・ビリーフ自体が心理的枠組みを調整することで根底より改善できるという認知カウンセリングの発想が援用されているからであるといえます（伊藤，2010）。簡単なコーピングスタイルを身に付けることでこれらがある程度改善できることを証明する研究（福本，2002）も存在します。もともと，教師や教職を志す学生にはこのような信念が根底的に存在しますし，このような理念自体が現在の日本の学校教育を支えているともいえるため，このような信念を変えること自体には留意が必要ともいえます（加藤ら，2008）。つまり，素敵な先生になるには多少の非合理的（イラショナル）なほどの子供や社会への期待・情熱がどうしても必要で，教師がストレスを感じやすいのは職業病と割り切った上で，健康管理や環境整備を考えていかないといけないのかもしれません。

■【紹介したい先行研究】■

土井一博・橋口英俊 2000「中学校教師のイラショナル・ビリーフと精神的健康の関係」『ヘルスサイコロジスト』13（1），pp.23-30.

福本いく子 2002『教師のポジティブな信念・かかわりが教育活動に及ぼす影響―公立高校の教師・生徒・保護者を対象とした調査研究から―』（兵庫教育大学大学院学校教育研究科学位論文）

羽鳥健司・小玉正博 2003「教師のイラーショナル・ビリーフとバーンアウトの関連」筑波大学大学院人間総合科学研究科編『教育相談研究』41，pp.13-19.

伊藤美奈子 2010「女性教師のストレスの背景にある内在化された"思いこみ"」『日本教育心理学会第52回大会（於早稲田大学）自主シンポジウム　女性教師のストレス，研究と改善の課題議事録』

加藤法子・平賀健太郎・山本晃 2008「教員を目指す学生における精神的不健康のなりやすさと性格特性」『大阪教育大学紀要第四部門』56・2，pp.251-267.

河村夏代・鈴木啓嗣・岩井圭司 2003「中学校教師の"ビリーフ"に関する研究」『発達心理臨床研究』9，pp.79-86.

河村茂雄・國分康孝 1996「小学校における教師特有のビリーフについての調査研究」『カウンセリング研究』29，pp.44-54.

河村茂雄・田上不二夫 1997「教師の教育実践に関するビリーフの強迫性と児童のスクール・モラールとの関係」『教育心理学研究』45，pp.213-219.

河村茂雄・田上不二夫 1998「教師の指導行動・態度の変容への試み（2）」『カウンセリング研究』31-3，pp.34-49.

久冨善之 1995「教師のバーンアウト（燃え尽き）と「自己犠牲」的教師像の今日的転換」『一橋大学研究年報社会学研究』34, pp.3-42.
水本徳明 2009「教職員の健康・学校組織の健康」（日本教育経営学会第49回大会シンポジウム発表資料）
越智康詞・志波利香 2000「教職の特性と教師の「心の病」に関する研究」信州大学教育学部附属教育実践総合センター紀要『教育実践研究』1, pp.19-30.
佐藤智恵・七木田敦 2007「幼稚園教諭のBeliefに関する研究―小学校教員との比較から―」『広島大学大学院教育学研究科紀要』3-56, pp.333-339.
高野あゆみ 2006「教師特有のイラーショナル・ビリーフが教師・児童のストレス反応に及ぼす影響」『北海道医療大学眞理化学研究紀要』2, p.152.

ケ）リアリティショック（初任・実習ストレス）研究 理想や希望に燃えて職業を志したが現実や現場の厳しさにショックを受けて落ち込む，これがリアリティショックのメカニズムです。実習生に関するものと新卒教員に関するストレスや不適応の課題として注目されてきました。教育実習に関する研究（飯塚，1994；野島，2003；前原・平田・小林，2007など）以外にも，教職を志す学生自体がストレスをためやすい思考傾向にある（藤原，2004；加藤・平賀・山本，2008など）という研究もなされています。ところで，90年代までは若い教師の採用が激減した時代であり，数量的な裏付けのある議論やそもそもの関心自体がほとんどありませんでした。21世紀になり採用増とともに指導力不足教員希望降任制度統計において採用初年度教員の退職が急増している問題などもあり注目されつつあります（村上，2008；斎藤・都丸・大野，2009など）。また，ある県の教員採用試験合格後の初任者に関して調査を継続した貴重なデータなども議論がなされつつあり（宇都・今林，2005；2006；2007），教育センターなどの研修の場でこのような健康・意欲のチェックを押さえておくと有益であることがわかります。しかしながら，増田（2011）が指摘するように，"教職志望者や初任の先生にどう行ったらいいか？"までは整理できていない印象です。

【紹介したい先行研究】

藤原正光 2004「教師志望動機と高校・大学生活」文教大学教育学部編『教育学部紀要』38, pp.75-81.

飯野祐樹 2009「初任保育者におけるポートフォリオ活用の効果に関する研究」『広島大学大学院教育学研究科紀要』3-57, pp.327-333.

飯塚由美 1994「中学校教育実習生の外部評価と実習期間内のストレッサー、その対処法」『島根女子短期大学』32, pp.59-68.

加藤法子・平賀健太郎・山本晃 2008「教員を目指す学生における精神的不健康のなりやすさと性格特性」『大阪教育大学紀要第四部門』56-2, pp.251-267.

前原武子・平田幹夫・小林稔 2007「教育実習に対する不安と期待、そして実習のストレスと満足感」琉球大学教育学部編『教育実践総合センター紀要』14, pp.211-225.

増田健太郎 2011「初任者教員のストレスを考える」『教育と医学』695, pp.76-87.

村上慎一 2008「初任教員のストレス及びその対処法と、メンタルヘルスとの関わりに関する研究」『愛知県総合教育センター研究紀要』97, pp.1-42.

野島正剛 2003「実習における対児ストレスとソーシャルサポートとの関係」『上田女子短期大学紀要』27, pp.11-20.

斎藤俊則・都丸けい子・大野精一 2009「初任教員の教師キャリア発達等に関する探索的な調査研究（その1）」日本教師大学院大学編『教育総合研究』2, pp.135-144.

白井利明 2008「大学から社会への移行における時間的展望の再編成に関する追跡的研究（Ⅵ）」『大阪教育大学紀要 第Ⅳ部門』57-2, pp.101-112.

都丸けい子・斎藤俊則・大野精一 2010「初任教員の教師キャリア発達等に関する探索的調査研究（その2）」日本教師大学院大学編『教育総合研究』3, pp.119-137.

宇都慎一郎・今林俊一 2005「新任教師の心理的発達に関する研究」『鹿児島大学教育学部研究紀要（教育科学編）』57, pp.97-122.

宇都慎一郎・今林俊一 2006「初任者教師の心理的発達に関する研究（2）」『鹿児島大学教育学部教育実践紀要』16, pp.79-90.

宇都慎一郎・今林俊一 2007「初任教師の心理的発達に関する研究（3）」『鹿児島大学教育学部紀要』58, pp.27-44.

コ）教師のワークライフバランス研究　量的な調査研究の多くが男女のストレス比較を行っています。小学校は女性教師が多く中学校は男性教師が多いため、学校種の差（中学校のほうがストレスが高いことが多いようです）と性別をデータで分けて検討する必要がありますが、概ね小中学校教師ストレスは

"女性がストレッサーとストレス反応ともに高い"という判断をしてよさそうです（例えば，大阪教育文化センター，1996；伊藤，2000；高木・北神，2016などのレビューを参照）。21世紀になって，性差をもたらすようなストレスの原因でありストレス対処のスタイルの量的・質的差を探る議論が増えています（後藤・田中，2001；高橋・浜岡・勝沼，2009）。筆者らは日本教育心理学会において自主シンポジウム「女性教師のストレス，研究と改善の課題」と題した議論を行いましたが，学校段階ごとの育児，家事，介護に関する私生活に関する課題と職業上の課題またその両者の関係などは今後の課題であり，充分な検討は行えていないのが実情です。特に大学の研究者として，"仕事のストレスを教えてください"という質問はできても，"私生活のストレスも教えてください"とはなかなかお願いしにくく，また，先生方も気楽には回答を寄せてくれないのが現実です。いずれにせよ，教師の私生活の苦労と仕事の苦労，それぞれの関係，また男女差は今後検討が必要です。ところで，ある研究者との話の中で，「聞きとりによるワークライフバランスの調査をしたが，離婚や介護や子育ての葛藤は回想することすら危険なストレスであるケースが教員にすら多い」と教えていただいたことがあります。"教師のストレスを改善するためのストレス調査が教師のストレッサーになっている"のはよくある事態ですが，ワークライフバランス研究は特にストレッサーなどのコストを回答者に与える領域なのかもしれません。

【紹介したい先行研究】

後藤靖宏・田中妙 2001「女性教師のストレス」『大分大学教育福祉科学部研究紀要』22, pp.127-135.

池上三郎 1993「教員の「多忙感」に関する一考察」兵庫教育大学教育経営講座学校経営研究室編『現代学校経営研究』6, pp.57-65.

伊藤美奈子 2010「女性教師のストレスの背景にある内在化された"思いこみ"」『日本教育心理学会第52回大会(於早稲田大学)自主シンポジウム 女性教師のストレス，研究と改善の課題議事録』

西坂小百合 2010「幼稚園における教師のストレス」『日本教育心理学会第52回大会(於早稲田大学)自主シンポジウム 女性教師のストレス，研究と改善の課題議事録』

落合美貴子 2010「教師疲弊のリアリティ―エスノグラフィック・スタディから―」『日本教育心理学会第52回大会（於早稲田大学）自主シンポジウム　女性教師のストレス，研究と改善の課題議事録』

大阪教育文化センター教師の多忙化調査研究会編 1996『教師の多忙化とバーンアウト』京都・法政出版

高橋桂子・浜沼真未・勝沼真恵 2009「新潟市内公立小中学校教員のモチベーション要因，ストレス要因とワーク・ライフ・コンフリクト」『新潟大学教育学部附属教育実践総合センター研究紀要』8, pp.49-60.

高野良子・明石要一 1992「女性校長のキャリア形成の分析」『千葉大学教育学部研究紀要第一部』40, pp.139-156.

都丸けい子 2010「生徒との関係における悩みからみる女性教師の特徴」『日本教育心理学会第52回大会（於早稲田大学）自主シンポジウム　女性教師のストレス，研究と改善の課題議事録』

吉田和子 2004「教育現場の実態と教育行政の課題」『岐阜大学教育学部研究報告　教育実践研究』6, pp.1-16.

4．"ストレスに耐える要素"（ストレス抑制要因）についてわかったこと

　ア）ソーシャルサポート　　90年代末ごろ（確認できるもっとも早いもので新井，1999や後藤・田中，1999）より教師のストレスを予防する可能性のあるストレス抑制要因（「ストレス対処」や「コーピング」とも呼ばれます）としてソーシャルサポートが注目され，現在非常に豊富な検討に恵まれています。以下のリストに記すように多くの研究がストレス対処としてのソーシャルサポートの研究知見を積み重ねつつあります。一方でこれらの多くが図るソーシャルサポートは「知覚されたソーシャルサポート」として"サポートを得られている"という認知に重みづけして測定していますが，これは対人関係ストレッサーの逆転項目的な内容の質問から構成されています。21世紀に入り，このような「知覚されたソーシャルサポート」の効果の確認から，この効果をいかに増進させるかのプログラム開発研究（例えば，池本，2004）やサポートを利用しやすい（しにくい）心理的特徴（田村・石隈，2002；2006），サポートのお互い様（互恵性）な雰囲気づくり（職場風土醸成）（谷口・田中，2001）など職場の改善に提言を与えるような研究成果が蓄積されています。ところで

"ソーシャルサポートの有意義"は証明されていますが,肝心の"どうしたらソーシャルサポートが形成されるか?"はよくわかっていないといえます。

【紹介したい先行研究】

新井肇 1999 『"教師"崩壊―バーンアウト症候群克服のために―』すずさわ書店
藤原忠雄・古市裕一・松岡洋一 2009 「教師のストレスに関する探索的研究―性,年代,校種における差異の検討―」『教育実践学論集』10, pp.45-56.
池本しおり 2004 「教師間のピア・サポートをめざした校内研修」『ピア・サポート研究』2, pp.25-37.
後藤靖宏・田中妙 1999 「教師のストレスと健康管理に関する研究(その2)」『大分大学教育福祉科学部研究紀要』21-2, pp.369-382.
後藤靖宏・田中妙 2001 「女性教師のストレスの特徴」『大分大学教育福祉科学部研究紀要』23, pp.127-136.
秦政春 2002 「現代教師の日常性(Ⅰ)」『大阪大学大学院人間科学研究科紀要』28, pp.117-149.
平岡永子 2001 「教師のバーンアウトモデルの一考察」『臨床教育心理学研究』27-1, pp.1-9.
平岡永子 2003 「教師のバーンアウトモデルの一考察(2)」『教育学科研究年報』29, pp.23-31.
兵藤啓子 2008 「教師のストレスとソーシャル・サポート」『日米高齢者保健福祉学会誌』3, pp.391-402.
石川正典・中野明徳 2001 「教師のストレスとサポート体制に関する研究」『福島大学教育実践研究紀要』40, pp.17-24.
貝川直子 2009 「学校組織特性とソーシャルサポートが教師バーンアウトに与える影響」『パーソナリティ研究』17-3, pp.220-279.
上村真生・七木田敦 2006 「保育士が抱える保育上のストレスに関する研究」『広島大学大学院教育学研究科紀要第三部』55, pp.391-395.
宮下敏恵 2008 「小・中学校教師に於けるバーンアウト傾向とソーシャル・サポートとの関連」『上越教育大学研究紀要』27, pp.97-105.
森慶輔 2005 「ソーシャルサポートの効果に関する探索的研究」『昭和女子大学大学院生活機構研究科紀要』14, pp.77-89.
森慶輔 2006 「学校内サポートが中学校教員の心理的ストレスに及ぼす影響」『学校メンタルヘルス』9, pp.41-48.
森慶輔 2006 「期待するサポートと実行するサポートのずれが公立中学校教員の精神的健康と職務満足に及ぼす効果」『昭和女子大学大学院生活機構研究科紀要』15, pp.57-72.

森慶輔 2007「学校内サポートが中学校教員のストレスに及ぼす影響（2）」『学校メンタルヘルス』10, 65-74.
森慶輔・三浦香苗 2006「ソーシャルサポートの効果に関する探索的研究（2）」『昭和女子大学生活心理研究所紀要』8, pp.58-67.
森慶輔・三浦香苗 2007「ソーシャルサポートの文献的研究」『昭和女子大学生活心理研究所紀要』10, pp.137-144.
森慶輔・三浦香苗 2007「職場における短縮版ソーシャルサポート尺度の開発と信頼性妥当性の検討」『昭和女子大学生活心理研究所紀要』9, pp.74-88.
西村昭徳 2004「教職員間の人間関係に対する認知的評価」『学校メンタルヘルス』7, pp.65-73.
西坂小百合・岩立京子 2004「幼稚園教師のストレスと精神的健康に及ぼすハーディネス, ソーシャルサポート, コーピング・スタイルの影響」『東京学芸大学紀要』55, pp.141-149.
野島正剛 2003「実習における対児ストレスとソーシャルサポートとの関係」『上田女子短期大学紀要』27, pp.11-20.
岡本聡一・藤生英行 2005「教師のソーシャル・サポートがストレス関連要因の軽減に及ぼす効果の検討」『上越教育大学心理教育相談研究』4, pp.57-76.
迫田裕子・田中宏二・淵上克義 2004「教師が認知する校長からのソーシャルサポートに関する研究」『教育心理学研究』52, pp.448-457.
関山徹・園屋高志 2005「小学校教師におけるサポート資源の利用と心理的ストレスとの関連」『鹿児島大学教育学部研究紀要人文・社会科学編』56, pp.207-218.
清水安夫・米山恵美子・松尾一絵 2006「教師のワークストレスとストレスマネジメント」『現代のエスプリ』469, pp.133-145.
曽山和彦・本間恵美子 2006「教師のメンタルヘルスに及ぼすサポートグループ参加の効果―自尊感情, バーンアウトの視点から―」『秋田大学教育文化学部教育実践研究紀要』28, pp.111-118.
諏訪英広 2002「「指導力不足教員」問題に関する研究―改革・政策動向の整理と「ソーシャルサポート」アプローチの意義の検討―」中国四国教育学会編『教育学研究紀要』48-1, pp.434-439.
諏訪英広 2003「教員社会におけるソーシャル・サポートに関する調査研究―中国5県小学校教員調査から―」中国四国教育学会編『教育学研究紀要』49, pp.325-330.
諏訪英広 2004「教員社会におけるソーシャルサポートに関する研究」『日本教育経営学会紀要』46, pp.78-92.
田村修一・石隈利紀 2001「指導・援助サービスの悩みにおける中学校教師の被援助指向性に関する研究」『教育心理学研究』49, pp.438-448.
田村修一・石隈利紀 2002「中学校教師の被援助指向性と自尊感情の関係」『教育心理学研究』50, pp.291-300.
田村修一・石隈利紀 2006「中学校教師の被援助指向性に関する研究」『教育心理学研究』54, pp.75-89.

> 田中宏二・高木亮 2007「個人内スキル活用と教師のキャリア発達」『教師の個人内スキル活用と教師のための社会的資源に関する総合研究』（科学研究費補助金基盤研究B研究16330127代表者：田中宏二・淵上克義），pp.1-26.
> 田中輝美 2008「中学校教師の精神的健康に関する研究GHQによる検討」『筑波大学学校教育論集』30，pp.1-6.
> 谷口弘一 2007「教師のソーシャルサポート」『教師の個人内スキル活用と教師のための社会的資源に関する総合研究』（科学研究費補助金基盤研究B研究16330127代表者：田中宏二・淵上克義），pp.51-74.
> 谷口弘一・田中宏二 2011「教師におけるサポートの互恵性と自己効力感およびバーンアウトとの関連」『長崎大学教育学部紀要．教育科学』75, pp.45-52.
> 都丸けい子・庄司一子 2005「生徒との人間関係における中学校教師の悩みと変容に関する研究」『教育心理学研究』53, pp.467-478.
> 米山恵美子・松尾一絵・清水安夫 2005「小学校教師のストレスに関する研究」『学校メンタルヘルス』8, pp.103-113.

イ）前向きさがストレスを抑制する効果（自己効力感など） 教師のストレスのコーピングの一種として，教師の「やる気」（神山ら，1982；前原ら，1991；植木・藤崎，1999など）や「職能成長」（篠原，1994；鈴木，1998；鈴木・松田，1999など）がある程度ストレスを緩和することが早くから指摘されています。これらはストレスの抑制だけでなく，もっと広く長い視点でのキャリア（職業上の人生観）を見据えた議論にもつながる点が特徴的です。21世紀に入り職業への動機づけ自体がストレスにより形成されるとの議論や（丹藤，2005，2006；山田，2007など），ハーディネスやレジリエンスといったストレスなどの復元力が注目されています（松岡ら，2002；西坂ら，2002など）。また，このような前向きさを促進する背景に，すでにあげたソーシャルサポートがあることなどが示されています（迫田・田中・淵上，2004；淵上・西村，2004など）。つまり，ストレスに強い人柄や組織づくりが，ストレス対策だけでなく職業上の人生観自体の展望につながるという点は学校園の改善に長期的に貢献する要素であることが期待されています。言い換えれば，ストレスを乗り越えることに積極的な意味があることを示唆しているといえるかもしれません。

【紹介したい先行研究】

東斉彰 1997「教師の心の健康管理」『教育と医学』45-6，pp.64-70.
淵上克義・西村一生 2004「教師の協働的効力感に関する実証的研究」『教師学研究』5・6，pp.1-12.
藤田由美子・田中陽子・横山裕・長友真美 2006「児童虐待に対する教師の意識に関する調査研究（2）教師の職業的社会化に関する予備的分析」『九州保健医療福祉大学紀要』7，pp.29-38.
藤原忠雄・古市裕一・松岡洋一 2009「教師のストレスに関する探索的研究―性，年代，校種における差異の検討―」『教育実践学論集』10，pp.45-56.
後藤靖宏・田中妙 1999「教師のストレスと健康管理に関する研究（その2）」『大分大学教育福祉科学部研究紀要』21-2，pp.369-382.
原岡一馬 1990「教師の成長と役割意識に関する研究」『名古屋大学教育学部紀要教育心理学科』37，p.1-22.
秦政春 2002「現代教師の日常性Ⅰ」『大阪大学大学院人間科学研究科紀要』28，pp.118-149.
秦政春・鳥越ゆい子 2003「現代教師の日常性（Ⅱ）」『大阪大学教育学年報』8，pp.182-187.
五十嵐守男・宮下敏恵・田中輝美 2003「中学校教師におけるコーピング尺度の作成」『上越教育大学心理教育相談研究』2，pp.25-34.
飯塚由美 1994「中学校教育実習生の外部評価と実習期間内のストレッサー，その対処法」『島根女子短期大学』32，pp.59-68.
石堂豊 1973『教師の疲労とモラール』黎明書房
伊藤美奈子 1995「教師の生徒観・教師観に関する一考察―理想の教師像による6タイプ間比較―」『神戸国際大学紀要』59，pp.26-25.
神山栄治・坂本弘視・今津孝次郎・佐藤広和・佐藤学 1982「教職に対する教師の態度（Ⅰ）」『三重大学教育学部研究紀要』33，pp.33-48.
金城悟・安見克夫・中田英雄 2011「保育職の大変さとやりがいに関する保育職の意識構造について」『東京成徳短期大学紀要』44，pp.25-44.
北原信子 2010「教師のストレスへの臨床心理学的援助の研究」『習得大学大学院研究紀要』17，pp.134-155.
小島秀夫・中村朋子・篠原清夫 2006「教師の意識の変化」『茨城大学教育学部紀要』55，pp.365-377.
前原武子 1993「教師の効力感と教師モラール，教師ストレス」『琉球大学教育学部紀要』44-Ⅱ，pp.333-342.
前原武子・赤嶺智郎・瀬名波栄啓・新田義明・松下悦子・大嶺和男・金城毅 1991「教師用自己有効性測定尺度の検討」『沖縄心理学研究』14，pp.31-34.

増田美佳子・松本剛・隈元みちる 2007「小学校における生徒指導の現状と課題」兵庫教育大学生徒指導研究会『生徒指導研究会』18, pp.21-31.

松井仁・野口富美子 2006「教師のバーンアウトと諸要因」『京都教育大学紀要』108, pp.9-17.

松岡洋一・池田純子・笠井未来・河嶋美穂 2002「教師のストレスとハーディネスに関する研究」『岡山大学研究集録』120, pp.171-178.

中西良文 1998「教師有能感についての探索的研究─尺度構成の検討─」『学校カウンセリング研究』1, pp.17-26.

西松秀樹 2005「教師効力感と不安に関する研究」『志賀大学教育学部紀要』55, pp.31-38.

西坂小百合 2002「幼稚園教諭の精神的健康におよぼすストレス, ハーディネス, 保育者効力感の関係」『教育心理学研究』50, pp.283-290.

西坂小百合・岩立京子 2004「幼稚園教師のストレスと精神的健康に及ぼすハーディネス, ソーシャルサポート, コーピング・スタイルの影響」『東京学芸大学紀要第一部門』55, pp.141-149.

乗田育人 2010「教師の心身の健康に関する調査研究─教師用コーピングスキル尺度の検討と個人属性の関連について─」『青森県総合学校教育センター研究紀要』F9-01

落合美貴子 2004「教師のバーンアウトのダイナミズム─解釈的アプローチと生態学的視座によるバーンアウトモデルの構築─」『人間性心理学研究』22-2, pp.1-12.

大平素子・大石昂・水上義行 2010「教員に求められる資質能力とは─小学校教員における資質能力の構成要因に関する文献レビュー─」『富山国際大学子ども育成学部』1, pp.31-42.

岡東壽隆・鈴木邦治 1996『教師の勤務構造とメンタル・ヘルス』多賀書房

大阪教育文化センター教師の多忙化調査研究会編 1996『教師の多忙化とバーンアウト』京都・法政出版

斉藤浩一 2004「中学校教師ストレスの構造的循環に関する実証的研究」『東京情報大学研究論集』8-1, pp.21-28.

坂本美紀 2006「教職生活における困難と成長に関する現職教員の意識」『兵庫教育大学研究紀要』28, pp.35-42.

迫田裕子・田中宏二・淵上克義 2004「教師が認知する校長からのソーシャルサポートに関する研究」『教育心理学研究』52, pp.448-457.

佐々木弘記 2009「教職員の職能発達を促す校長による教育的サポートに関する研究」『岡山県総合教育センター研究紀要』第21号2008年度08-03.

篠原清夫 1994「出身経路別による教師の職業意識の比較研究」『日本教育社会学会大会発表要旨集録』46, pp.133-134.

白井利明 2008「大学から社会への移行における時間的展望の再編成に関する追跡的研究（Ⅵ）」『大阪教育大学紀要　第Ⅳ部門』57-2, pp.101-112.

曽山和彦・本間恵美子 2006「教師のメンタルヘルスに及ぼすサポートグループ参加の

効果―自尊感情,バーンアウトの視点から―」『秋田大学教育文化学部教育実践研究紀要』28, pp.111-118.
杉若弘子・伊藤佳代子 2004「小・中学校教員のストレス経験」『奈良教育大学紀要』53, pp.55-63.
諏訪英広 2002「現代教師の教職生活に関する調査研究(Ⅱ)」『山陽学園短期大学紀要』33, pp.31-48.
諏訪英広 2003「現代教師の教職生活に関する調査研究(Ⅲ)」『山陽学園短期大学紀要』34, pp.15-27.
鈴木眞雄 1998「中堅教員の自己効力間の形成的要因に関する基礎的研究」『愛知教育大学教育実践総合センター紀要』創刊号, pp.17-21.
鈴木眞雄・松田惺 1997「教師の自己効力感に関する基礎的研究」『愛知教育大学研究紀要』46(教育科学編), pp.57-65.
鈴木眞雄・松田惺 1999「中堅教員の自己効力感の構造と形成要因に関する基礎的調査研究」『愛知教育大学研究報告』48(教育科学編), pp.65-71.
鈴木眞雄・松田惺 2000「中堅教員の自己効力感と燃えつき感」『愛知教育大学研究報告』49, pp.65-80.
高野良子・明石要一 1992「女性校長のキャリア形成の分析」『千葉大学教育学部研究紀要第一部』40, pp.139-156.
田村修一・石隈利紀 2002「中学校教師の被援助指向性と自尊感情の関係」『教育心理学研究』50, pp.291-300.
田中陽子・長友真美・藤田由美子・横山祐 2007「児童虐待に対する教師の意識に関する調査研究(3)」『九州保健福祉大学研究紀要』8, pp.23-33.
丹藤進 2001「教師効力感についての探索的研究―教職への満足感,教育的信念,PMリーダーシップ行動との関連―」『弘前大学教育学部研究紀要クロスロード』3, pp.5-17.
丹藤進 2005「教師効力感の形成に関する要因分析―循環モデル試案―」『青森中央学院大学研究紀要』6, pp.49-69.
丹藤進 2006「教師効力感の研究―循環モデルに向けて―」『青森中央学院大学研究紀要』7, pp.21-45.
谷口弘一・田中宏二 2011「教師におけるサポートの互恵性と自己効力感およびバーンアウトとの関連」『長崎大学教育学部紀要.教育科学』75, pp.45-52.
飛田操・高良美樹・須田英明 1998「中学校教師のメンタルヘルスについて(その2)―教師の多忙感とメンタル・ヘルスおよびモラールとの関係について―」『福島大学教育学部研究紀要』33, pp.42-47.
徳永真知子 2006「小学校教師のストレス,バーンアウトと教職観との関連」福岡女学院大学大学院人文科学研究科「臨床心理学」紀要編集委員会『臨床心理学』3, pp.53-59.
富家正徳・宮前淳子 2011「教師にとっての"職場の楽しさ"の規定要因に関する研究」『香川大学教育実践総合研究』22, pp.149-157.

露口健司 2008 『学校組織のリーダーシップ』大学教育出版
露口健司 2009 「学校組織におけるチームリーダーシップと教師効力感の影響関係」『日本教育経営学会紀要』51, pp.43-87.
植木尚子・藤崎眞知代 1999 「教師効力感を規定する要因―校種と経験年数を中心として―」『群馬大学教育学部紀要』48, pp.361-381.
山田智之 2007 「公立中学校教員のモチベーションを促進する要因」『日本大学大学院総合社会情報研究科紀要』8, pp.221-230.
山本文枝 2009 「教師のカウンセリング・マインドに対する意識とストレス及び心拍変動との関連性」『宮崎産業経営大学教職課程年報』3, pp.29-37.
山内久美・小林芳郎 2000 「小・中・高校教員の教職に対する自己認識―教師に対する有効な学校コンサルテーションのために―」『大阪教育大学紀要　第Ⅳ部門』48-2, pp.215-232.
山﨑準二 1999 「教師のライフコース研究」『静岡大学教育学部研究報告. 人文・社会科学篇』50, pp.201-228.
油布佐和子 1997 「教師のライフスタイル」『教職大変な時代』教育開発研究所, pp.239-245.

5．ストレスの改善に関する研究

ア）治療介入に関する研究・統計報告　主に医師の立場から教師の精神疾患による外来・入院のデータを統計として報告したものは古くから存在します（例えば管見のもっとも古いもので加藤，1975）。教職に関わりの深い産業医の視点からの議論も多く（例えば，石井・福水，1988；木下，1997など），90年代末ごろからはスクールカウンセラーなどから臨床心理学的な提言なども増えています（例えば國分，1997；山口，1999）。

特に注目したいのは精神疾患による"病休"です。"病休"経験の教師自身のケース報告も散見されますが（例えば，遠藤，2003など），精神疾患に関わる「病休」つまり有給休暇と病気休暇，病気休職の適正な取り扱いに関する議論（八尾坂，2005；高木，2011など）と，そこからの復職に関わる課題（例えば，大西，2007）などは充分な報告数がなく，実態把握があまりできていません。なお，特に教師の精神疾患とその原因に関する研究として東京三楽病院精神科部長であった故中島一憲氏の業績は特段の功績があるので，これは次章において詳しく整理していきたいと思います。

【紹介したい先行研究】

遠藤覚 2003「教職員のメンタルヘルスのために」『月刊生徒指導』2003年10月号（33巻12号），学事書房，pp.24-29.
福水保郎 1994「教職員のメンタルヘルス―その現況と対策・警告をかねて―」『心と社会』75，pp.56-65.
石井一平・福水保郎 1988「教職員の心身の病」柏瀬宏隆ら編『第九巻 教職員のメンタルヘルス』日本図書センター，pp.60-62.
春日武彦 2007「教師が心を病んだとき」『教師のストレス対処ハンドブック（児童心理臨時増刊2007年6月号）』861，pp.169-174.
加藤誠 1975「教師の精神障害」『心と社会』6-2，pp.179-189.
木下敏子 1997「教育現場におけるストレスの諸問題―臨床医の視点から家族・親ストレスや教師ストレスとの対応のあり方を中心に―」『ストレス科学』12-1，pp.27-32.
小林宏 1994「うつ状態で休職している教師について」『精神医学』36-3，pp.297-300.
國分康孝 1997「メンタルヘルス」『教職大変な時代』教育開発研究所，pp.260-266.
丸谷真智子・久場川哲二 1987「教師と精神障害」『家庭と学校の精神障害』18，pp.196-203.
増田健太郎 2011「初任者教員のストレスを考える」『教育と医学』695，pp.76-87.
森部英生 2007「休暇・休職となった場合の法的対応」『教師のストレス対処ハンドブック（児童心理臨時増刊2007年6月号）』861，pp.72-77.
武藤清栄 2003「教師のメンタルヘルスとは」『月刊生徒指導（2003年10月号）』33巻12号，学事書房，pp.40-45.
中島一憲 1995「教師の精神障害」『臨床精神医学』24-11，pp.1433-1438.
中島一憲 1996「教師のストレスとメンタルヘルス」土居健郎監修『学校メンタルヘルス実践事典』日本図書センター，pp.695-704.
中島一憲 1998「教師の心の病から」『学校メンタルヘルス』1，pp.47-50.
中島一憲 1998「教師の「登校拒否」はなぜ増えているのか」『児童心理』52-18，pp.118-123.
中島一憲 2000「教師の不安を語る」『学校メンタルヘルス』3，pp.46-47.
中島一憲 2004「失われた『聖職』を求めて（巻頭言）」『学校メンタルヘルス』7，pp.4-5.
中島一憲 2004「教師のストレスと精神保健」『こころと社会』115，pp.98-104.
中島一憲 2005「特別講演 教師のメンタルヘルス―最新データによる臨床的検討―」（議事録）『学校メンタルヘルス』8，pp.35-41.

中島一憲 2007 「教師のメンタルヘルスをどう支えるか（講演）」『学校メンタルヘルス』10，pp.21-33．
野田哲朗・山田紅子・佐藤俊子・太田義隆・鎌田美恵子・花谷隆志・岩田和彦・夏目誠・山田富美雄 1998「学校教師のストレス」『大阪府立こころの健康総合センター研究紀要』3，pp.9-14．
大西守 2007「メンタルヘルス活動の個人の限界・職場の限界」『教師のストレス対処ハンドブック（児童心理臨時増刊2007年6月号）』861，pp.26-34．
沢崎達夫・足立由美子・岡田謙・塩田有子・清水井一 2007「（座談会）いま，教師のメンタルヘルスのために取り組みたいこと」『教師のストレス対処ハンドブック（児童心理臨時増刊2007年6月号）』861，pp.44-55．
高木亮 2011「教師の精神衛生・メンタルヘルスをめぐる学校経営および教育行政の課題と展望」『九州教育経営学会研究紀要』17，pp.63-70．
塚本千秋 2005「職場ごとの学校教師の仕事の特性」『岡山大学教育実践センター紀要』5，pp.151-157．
上畑鉄之丞 1992「教員のストレスと健康」『教育』42-11，pp.23-36．
山口剛 1999「学校ストレスの臨床」河野友信・山岡昌之編『ストレスの臨床』至文堂，pp.185-197．
八尾坂修 2005「指導力不足教員をめぐる現状と支援策」『教員人事評価と職能開発』風間書房，pp.315-340．

イ）予防・能力開発に関する介入研究　ストレスの過重なため込みやストレス性の病気などの高リスク群に対しどのように予防的対応ができるかの議論をみてみましょう。治療的視点が医療の立場での議論が多かったのに対し，予防的視点はストレスの深刻な状態へのカウンセリング的援助（伊藤，2007；山本，2007）や同僚間のコーディネート（曽山・本間，2006），心理的リラクゼーション（新井，2006）など臨床心理学の立場より書かれたものが多い印象です。一方で予防より以前にストレスをためにくい能力開発に関してはコミュニケーションスキル（園田・中釜・沢崎，2002；河村，2007など）がみられます。もっとも，教師のストレスの原因を予防するという意味で授業や生徒指導といった職務の遂行能力や職場での支えあいを環境整備していくことが，そもそもの能力開発でありストレスの前提の予防ともいえそうです。ただ，学校園改善やストレスへの対処能力もなかなか思った通りに高まらないので，この20年，教師ストレス研究が増加し続けているともいえ，予防と能力開発の決定打は見つかってはいないのが現状です。

【紹介したい先行研究】

相川充 2008『先生のためのソーシャルスキル』サイエンス社
相川充 2011「教師のソーシャルスキル自己評定尺度の構成」『東京学芸大学紀要. 総合教育科学系』62（1），pp.133-148.
新井肇 2006「インシデントプロセス法の教師バーンアウト予防効果に関する研究」兵庫教育大学生徒指導講座編『生徒指導研究』17，pp.26-38.
新井肇 2007「教師のバーンアウトの理解と援助」『広島大学大学院心理臨床教育研究センター紀要』6，pp.23-26.
兵藤啓子 1992「小学校教師のストレスとカウンセリング」『カウンセリング研究』25-2，pp.8-20.
乾丈太・有倉巳幸 2006「小学校教師のメンタリングに関する研究」『鹿児島大学教育学部紀要』16，pp.97-106.
伊藤美奈子 2007「教師のうつ病の理解と援助」『広島大学大学院心理臨床教育研究センター紀要』6，pp. 18-22.
河村茂雄 2002『教師のためのソーシャルスキル』誠信書房
河村茂雄 2007『教師のための失敗しない保護者対応の鉄則』学陽書房
河村茂雄・田上不二夫 1998「教師の指導行動・態度の変容への試み（2）」『カウンセリング研究』31-3，pp.34-49.
金城悟・安見克夫・中田英雄 2011「保育職の大変さとやりがいに関する保育職の意識構造について」『東京成徳短期大学紀要』44，pp.25-44.
三村隆男 2007「このまま担任として生きるか，管理職を目指すか迷っている」『教師のストレス対処ハンドブック（児童心理臨時増刊2007年6月号）』861，pp.156-159.
三沢元彦・犬塚文雄 2007「教師のバーンアウト傾向軽減プログラムの開発研究」『横浜国立大学教育相談・支援総合センター研究論集』7，pp.165-185.
諸富祥彦 2003「教師の悩みとその解決法」『月刊生徒指導（2003年10月号）』33巻12号，pp.36-39.
諸富祥彦 2009『教師の悩みとメンタルヘルス』図書文化
尾木和英 2007「自分の専門性を伸ばしたいが日々の仕事に追われている」『教師のストレス対処ハンドブック（児童心理臨時増刊2007年6月号）』861，pp.160-163.
岡山県教育センター 2004『教師間のピアサポート（研究紀要第二三五号）』
岡山県教育センター 2007『小学校教職員のメンタルヘルスに関する実践的研究（研究紀要第二八〇号）』
大野太郎 2007「ストレスの理解とその対処法」『教師のストレス対処ハンドブック（児童心理臨時増刊2007年6月号）』861，pp.58-64.

佐々木誠・細江達郎 2004「教師のストレスとその対処」『岩手フィールドワークモノグラフ』6, pp.1-26.
沢崎達夫・足立由美子・岡田謙・塩田有子・清水井一 2007「(座談会) いま, 教師のメンタルヘルスのために取り組みたいこと」『教師のストレス対処ハンドブック (児童心理臨時増刊2007年6月号)』861, pp.44-55.
園田雅代・中釜洋子・沢崎俊之編著 2002『教師のためのアサーション』金子書房
曽山和彦・本間恵美子 2006「教師のメンタルヘルスに及ぼすサポートグループ参加の効果」『秋田大学教育文化学部教育実践研究紀要』28, pp.111-118.
竹田眞理子・坂田真穂・菅千索・菅眞佐子・山本岳・菅佐和子 2011「教師の職業ストレスについて (1)」『和歌山大学教育学部紀要』61, pp.119-126.
田中和代 2005『教師のためのコミュニケーションスキル―毎日のストレスを減らしましょう―』黎明書房
田中宏二・高木亮 2007「個人内スキル活用と教師のキャリア発達」『教師の個人内スキル活用と教師のための社会的資源に関する総合研究』(科学研究費補助金基盤研究B研究16330127代表者:田中宏二・淵上克義), pp.1-26.
富家正徳・宮前淳子 2011「教師にとっての"職場の楽しさ"の規定要因に関する研究」『香川大学教育実践総合研究』22, pp.149-157.
鵜飼美昭 2000「教師のメンタルヘルスとスクールカウンセラー」『教育と医学』48-7, pp.593-600.
山本力 2007「教師のメンタルヘルスの現状と課題」『広島大学大学院心理臨床研究センター紀要』6, pp.14-17
山本文枝 2009「教師のカウンセリング・マインドに対する意識とストレス及び心拍変動との関連性」『宮崎産業経営大学教職課程年報』3, pp.29-37.

6. その他

ア) 教育制度・学校経営に関する提言　教師にとってもっとも身近な環境といえる学校組織と教育行政や教育界全体の変化や, その影響について検討したものを集めてみました。また, 露口の一連の研究は校長の職能の発揮 (学校経営とリーダーシップ) が教師のストレスに影響を与えうることを一貫して示しており興味深いです。もっとも, 校長のリーダーシップも同僚との人間関係もストレスの抑制にもストレスの原因自体にもなるのが難しいところといえます。

【紹介したい先行研究】

青木栄一編 2008『教員業務の軽減・効率化に関する調査研究報告書』(国立教育政策研究所平成20年度重点配分経費報告書)

青木栄一編 2009『教員の業務と校務運営の実態に関する研究報告書』(国立教育政策研究所平成21年度重点配分経費報告書)

新井肇 2007「ストレスを和らげる学校組織づくり」『教師のストレス対処ハンドブック (児童心理臨時増刊2007年6月号)』861, pp.79-84.

浅沼茂 2007「"ゆとり教育"は教師の仕事をどう変えたか」『教師のストレス対処ハンドブック (児童心理臨時増刊2007年6月号)』861, pp.10-17.

藤田英典 1998「問われる教育の公共性と教師の役割」油布佐和子編『教師の現在・教職の未来』教育出版, pp.180-204.

群馬県教育委員会・(財) 社会経済生産性本部コンサルティング部 2008『教員の多忙を解消する―教員・学校・教育委員会ができる学校改善―』学事書房

羽田紘一 2007「教師の悩みとストレスをもたらすもの」『教師のストレス対処ハンドブック (児童心理臨時増刊2007年6月号)』861, pp.2-9.

長谷徹 2007「競争原理は学校と教師にどんな影響を与えるか」『教師のストレス対処ハンドブック (児童心理臨時増刊2007年6月号)』861, pp.18-25.

保坂亨 2010「教員のメンタルヘルスの問題を構造的に捉える」『日本教育経営学会紀要』51, pp.129-133.

小浜逸郎 1998「学校縮小論と教師役割」油布佐和子編『教師の現在・教職の未来』教育出版, pp.162-179.

国立大学法人東京大学 2007『教員の業務の多様化・複雑化に対応した業務計量手法の開発と教職員配置制度の設計―教員と教員サポート職員による業務の適切な分担とアウトソーシングの可能性―報告書 (第一分冊)』(平成19年度文部科学省新教育システム開発プログラム報告書, 採択番号72)

国立大学法人東京大学 2007『教員の業務の多様化・複雑化に対応した業務計量手法の開発と教職員配置制度の設計―教員と教員サポート職員による業務の適切な分担とアウトソーシングの可能性―報告書 (第二分冊)』(平成19年度文部科学省新教育システム開発プログラム報告書, 採択番号72)

牧昌見 1999『改訂学校経営診断マニュアル』教育開発研究所

増田健太郎 2011「改めて, 教員のストレスを考える」『教育と医学』695, pp.56-62.

増田健太郎 2011「初任者教員のストレスを考える」『教育と医学』695, pp.76-87.

水本徳明 2010「教職員の健康・学校組織の健康―研究者の立場から―」『日本教育経営学会紀要』51, pp.138-142.

大西守 2007「メンタルヘルス活動の個人の限界・職場の限界」『教師のストレス対処ハンドブック (児童心理臨時増刊2007年6月号)』861, pp.26-34.

坂上頼子 2007「環境調整のための，それぞれの役割」『教師のストレス対処ハンドブック（児童心理臨時増刊2007年6月号）』861，pp.65-71.
佐古秀一 2010「学校・教職員の健康問題と学校経営の課題」『日本教育経営学会紀要』51，pp.146-149.
相馬誠一 2003「覆面座談会教師を取り巻く尽きないストレス」『月刊生徒指導（2003年10月号）』33巻12号，pp.46-54.
高木亮 2011「教師ストレスの現状と予防・開発プログラムの作成の課題」『教育と医学』695，pp.63-69.
高階玲治 2009『子どもと向き合う時間の確保と教師の職務の効率化』教育開発研究所
露口健司 2011「学校組織特性と教員のストレス」『教育と医学』695，pp.70-75.

イ）教師のストレスにおける国際比較・国際動向　教師の職能やストレスについて国際的な比較や国内の個性的な学校の在り方の変化について参考となるものを集めてみました。すでに第1節で述べましたが，国内の他職種比較の中で教師のストレスは重い傾向が確認できています。しかし，国際比較では例えば欧米では教師の仕事の制度が大きく異なり，時間給制であったり離職や他職種からの転職が珍しくないため，簡単に比較を行いにくいのが現状です。このことは，"その国にとって学校園が育む力（学力）は何か？"が大きく異なっていますので，PISAなどのテストの結果に基づいた国際学力比較やTALISなどの勤務実態調査だけでない"学校教育の使命の違い"も含めて今後考えていく必要があります。

【紹介したい先行研究】

平沢信康 1999「教師のストレスとバーンアウトILO報告の総括」『鹿屋体育大学学術研究紀要』21，pp.95-106.
中野明徳・昼田源四郎・松崎博文・飛田操・初澤敏生 2008「中学校教師のストレスに関する日米比較」『福島大学総合教育研究センター』4，pp.41-48.
大平素子・大石昴・水上義行 2010「教員に求められる資質能力とは―小学校教員における資質能力の構成要因に関する文献レビュー―」『富山国際大学子ども育成学部』1，pp.31-42.
坂井朗 1998「"指導の文化"と教育改革のゆくえ」油布佐和子編『教師の現在・教職の未来』教育出版，pp.115-136.

榊原禎宏 2009「"健康な学校"と学校経営論のリデザイン」『京都教育大学紀要』115, pp.159-168.
八木英二 2005「教師の人権と教職の役割変化」『部落問題研究』171, pp.40-97.

ウ）災害・危機管理とストレス　災害・危機管理における教師ストレスの測定を行った国内の知見と海外の教職員も範囲に含めた危機管理・危機介入の在り方に関する指摘を集めました。平成23（2011）年の東日本大震災については青木（2015）において公衆衛生学的な震災後の教師の健康報告の統計データが報告されています。もっとも、学校に想定される危機や災害、事故は様々な事象がありえますから、一つ一つの予測と対策は未然にはとても無理で、学校や地域の人間関係の強化と協力の中での臨機応変さが重要なのだともいえます。

【紹介したい先行研究】

相川勝代 1994「精神保健への影響 第五部 災害とこども」『雲仙・普賢岳火山災害にいどむ：長崎大学からの提言（長崎大学公開講座叢書6）』長崎大学, pp.267-308.
青木栄一 2015『大震災に学ぶ社会科学 第6巻 復旧・復興へ向かう地域と学校』東洋経済新報社
浅野房雄 2006「火災発生後の心のケア―私立A幼稚園への支援―」『つくば国際短期大学紀要』34, 59-77.
久留一郎訳, W.ユール・A.ゴールド 2001『スクールトラウマとその支援―学校における危機管理ガイドブック―』誠信書房
國分康孝・國分久子・坂本洋子監訳, カリフォルニア開発的カウンセリング協会 2002『クライシスカウンセリングハンドブック』誠信書房
命婦恭子・向笠章子・浦田英範・津田彰 2003「学校への緊急支援後の教師のストレス反応」『久留米大学心理学研究』2, pp.97-106.

エ）地域性・地域比較の教師ストレス研究　「徳島県」や「都市部」,「沖縄県」などと標題に示した研究が複数あります。しかし、他の地域との比較やその地域特有の問題やストレスが整理されているわけではありません。このことは言い換えれば、調査研究自体が実施地域の問題と日本の教職の問題を区別

しづらいという難しさを示しているようにも考えられます。そのような意味で，前述の東京大学実施の教師の多忙に関する大規模調査は有意義なデータであるといえます。また，公刊統計を再分析するのも一つの方法です。いわゆる分限処分調査の精神疾患事由による教師の病気休職者の発生率比較など（保坂，2009；高木，2009，2010）ではもっとも発生率が高い県と低い県の間には10倍前後の差があり，地域の違いは大きいことが想定できます。また，47都道府県の教育問題の認知件数の発生率比較を行った研究（小島ら，2002，2004）があり，ここから教師のストレスの原因には地域差があることが推測できます。地域ごとの特質的な課題を探ることと定期的に教育問題の地域比較を行い環境整備の指標とすることは公共性あるいは政策・行政上，今後も重要な課題といえるでしょう。もっとも，個々人の視点でみると，"○○県で先生をするのはしんどいので，△△県で先生をしよう"というわけにはいきません。せいぜい，"採用試験の大学推薦があるので身寄りはないけど政令指定都市□□市を受けたい"という教職志望の学生に，地域を理解する一環としてデータ提供をする程度しか直接の個人の充実や幸福には役立ちません。あわせて，教師が精神疾患による病気休職になりやすい地域は，学力や給食費未納のような地域特有の雰囲気に課題がある傾向も指摘されています。このことは"地域が悪いから教師が大変"ではなく，"教師が地域をよくしようと頑張っている"と捉えることが建設的であるように感じます。"地域批判と称したボヤきでは世の中がよくならない"と10年前の論文（高木，2009）をふり返って反省しています。

【紹介したい先行研究】

遠藤雅之 1997「教職員のメンタルヘルス」北海道立精神保健福祉センター編『精神保健福祉センター年報』30, pp.95-100.
保坂亨 2009『"学校を休む"児童生徒の欠席と教員の休職』学事書房
木塚雅貴・木村吾勝 2009「離島の教師の専門的成長への支援」『へき地教育研究』64, 29-52.
小島秀夫・中村朋子・篠原清夫 2002「教師の全国調査の計画と実施」『茨城大学教育学部紀要（教育科学）』51, pp.189-199.
小島秀夫・中村朋子・篠原清夫 2004「教師が体験した困難の地域差」『茨城大学教育

実践研究』23, pp.351-358.
中野明徳・昼田源四郎・松崎博文・初澤敏生 2008「中学校教師のストレスに関する日米比較」『福島大学総合教育センター紀要』4, pp.41-48.
奥平貴代・砂川洋子・勝綾子・國吉緑・桐山雅子・比嘉理恵・真栄城千夏子 2000「沖縄県における中学校教師のライフストレスに関する研究」『学校保健研究』42, pp.271-282.
杉澤あつ子・中島一憲・吉川武彦・杉澤秀博 1996「都市部の公立学校教員の健康とその関連要因」『体力研究』91, pp.167-172.
高木亮 2009「都道府県ごとの教師の精神疾患を原因とした病気休職「発生率」のデータ報告──平成18年度のデータを中心に──」『中国学園紀要』8, pp.109-116.
高木亮 2010「都道府県ごとの教師の精神疾患を原因とした病気休職「発生率」のデータ報告Ⅱ──平成19年度のデータを中心に──」『中国学園紀要』9, pp.73-80.
田中敦士 2009「沖縄県内離島勤務の現職教員における特別支援教育に対する研修ニーズ」『琉球大学教育学部紀要』75, pp.147-153.
十枝修 1983「徳島県小・中学校教師の教育意識──男女別, 年齢別にみた調査研究──」『徳島大学芸紀要 (教育)』32, pp.41-59.

第2章 精神科医の語った教師ストレス
―病んでしまっても職業人生を展望するために―

　中島一憲先生のお名前をご存知でしょうか？　平成19（2007）年11月にお亡くなりになったので，もう本屋さんでそのご著書を見かけることもなくなってしまいました。中島先生は社団法人東京都教職員互助会三楽病院精神科精神神経科部長をお勤めになり数多くの教師の精神疾患を診て治療し様々な研究を発表し続け，病気になってもその速度を緩めることなく51歳の若さでご逝去されました。筆者はご生前の中島先生にお会いすることができませんでしたが，1990年代半ばからの中島先生の教師という職業のメンタルヘルスに関わる業績の数々を拝読し，拙いながらも研究という形で後を追いかけてきたつもりです。中島先生が業績を重ねられてきた時代は残念ながら教師のストレスが悪化の一途をたどり社会問題としても顕在化した時代でもあります。中島先生がおられたからこそ，この問題が正確な形で社会に伝わりました。また，今の保育者の職域については中島先生のような教職の分野をみて支えたような人物の登場を必要としているようにも思います。

　学校園個々の組織を超えた協働と改善の課題を保育者と教師の限界の視点で考える本書の中で，中島先生のご業績を追いかけることで90年代半ばからの10年間どのように教職が変わり，社会が教職を理解してくれるようになったかを知ることができます。また，ストレスで大変な思いをしている先生方に命の限り寄りそって作られてきた業績の数々は重く，専門職への提言として貴重で有意義なものがあるように感じます。人は誰しも老い，死に向かうものでもあります。ストレスにより人は"死ぬほど"，また"死を考えるほど"苦しむこともあるかもしれません。しかし，早すぎる死に到るまで，教職員のストレスに寄りそった中島先生のご業績の紹介で，"ストレスを減らす"だけではなく立ち向かいキャリアとして積極的に受け取める視点も見えてくるように考え，本章をまとめました。

1. 90年代末から21世紀01年代までの教師のストレス

　中島先生の研究について定期的に提言をしつづけたのが日本学校メンタルヘルス学会でその記録は機関紙『学校メンタルヘルス』で確認できます。『学校メンタルヘルス』の創刊号寄稿（中島，1998）からその死の直前の遺稿[1]となった第10号掲載稿（中島，2007）まで公開できる範囲のデータを示して提言をまとめるという一貫した寄稿スタイルをとっています。今では「教師や保育者は大変な仕事」と社会問題としての認識が普及しています。しかし，90年代末時点での教職のメンタルヘルスに関する認識は，研究動向に限っていえば今とは雰囲気が異なっていました。確かに，かなり早い段階から精神科医のデータ報告の中で「警告」ともいえるような教師の精神衛生・メンタルヘルスに関する報告・論議がなされています（加藤，1975；丸谷・久場川，1987；福水，1994；遠藤，2003；春日，2007）。また，戦後一貫して議論が続いていた教職の多忙問題の流れの中で，労務管理を研究の一端とする教育経営学分野においてこの問題の深刻さが指摘されています（石堂，1973；秦，1991；高旗ら，1992；岡東・鈴木，1996）。とはいえ，これらは例外といえるものです。

　例をみてみましょう。教育社会学研究の研究として教職の多忙は"客観的には測定できず"，多忙の主張は仕事を増やさないための"サバイバルストラテジー"であり，"教員文化"として多忙を訴えること自体が"アイデンティティの確認"であると論じます（油布，1995）。同様に教育社会学研究で教職の多忙感や充実感の喪失は家庭や社会，児童生徒との学校・教師の関係性が変化してしまったことにあると分析しつつ，それでもより苦しむ児童生徒・保護者のための個々の教師の努力の不足を強調した論もあります（例えば，久冨，1997）。つまり，"社会の変化の対応はほとんど学校と教師で対応すべきだ"という少し残酷な研究者の要求です。他方，教育心理学系の領域でも生徒指導問題が90年代までの主な関心事項でしたが，伊藤美奈子氏の2000年の『教育心理学研究』掲載論文（伊藤，2000）が一つのきっかけとなり，それ以降は教師のストレスは積極的に論じられはじめます。ここではじめて，教師は学校のストレスなどの問題の事任者であり改善の主体としてだけでなく，学校のス

トレスに苦しむ存在であり,支援を要する存在として位置づけられました。教育心理学研究の分野では同時期に創設されたスクールカウンセラー制度を通して,現場に密着した臨床心理士である伊藤美奈子氏（伊藤,2000）や落合美貴子氏（落合,2003,2004）らが調査研究という客観性の高い手法でこの問題を実証していきました。実践と研究の協働には仲介になる実務家が必要になるのかもしれません。総じて,90年代までの大学の研究者には教師への配慮に意識がまわりにくいパラダイムがあったのでしょう。

　学校教育・教育行政の現場での認識は全く別でした。例えば,筆者の聞き取り調査（高木,2011）では90年代半ばごろには都道府県教育委員会は精神疾患事由による病気休暇・病気休職（以下「病休」）に関わる大幅なルール改訂に乗り出しています。これは,いわゆる不適格・指導力不足教師とストレスにより追いつめられた教師を区別しないと大変なことになるという意識が動機となったようです。また,この時期に教師のストレスに関する基礎的研究を重ねられたのは今では高名な研究者となられた大学の先生方が現職教師の際に寄稿された論文でした（例えば,荒木・小原,1990；斎藤,1994,1996；河村・田上,1997）。現場の教師を経験された研究者が現職教師と純粋な大学の研究者を仲介することになった,現場の先生の「研究」の意義と価値をここに示しておきたいと思います。

　そもそも筆者も含めて純粋な大学研究者は疑い深い者で実感と統計を分けて考える立場を取る者でもあります。"現場の話を額面通りに取るわけにはいかない"ことは本質的な研究者の習性で特長でも限界でもあります。また,学校園と教師・保育者を"権力の側"としてみる前時代的で左翼的な雰囲気も影響したのかもしれません。そこに研究と現場の断絶のようなものをみることもできますが,そのような断絶の上での議論は必要なことであるようにも感じます[(2)]。いずれにせよ,深刻な危機的課題にとって不幸中の幸いともいえる点は中島先生という,客観性の高い研究と実務の両面で優れているばかりでなく,現場にも語れる言葉を持っている人物が我が国にいたことです。中島先生の存在は教職だけでなく研究者や学校園に関わる専門家がどのような"かけ橋"になれるかの示唆を持つように思います。

2．中島先生が教師ストレス論へ与えた影響

　前述のように中島先生の業績は大きく分けて2種類の手法を使い分けていたといえます。一つは国内最大の職域病院である三楽病院精神科部長としてのデータ報告・提言です（例えば，中島，1994，1995，1996，1998b，2005a，2007）。これは国内唯一で代替不能ともいえる貴重で客観的な資料で，他にこれを準備できる人はいなかったでしょう。もう一つは連載されたコラムや一般の教師向けの啓発・能力開発を主目的とした著作の数々です（中島，1997，1998a，2000a，2000b，2003，2004a，2004b，2005b，2006a，2006b）。また，『学校メンタルヘルス』バックナンバーで追うことができる中島先生が担当された学会大会でのワークショップ（中島，2000c，2002，2004c）も啓発・能力開発が趣旨とされていたといえます。中島先生の学会での友人の方々から様々なお話を聞く機会がありましたが，後半はご病気を隠すように，隠しきれなくなってからはこの仕事と研究に立ち向かうように没頭したそうです。そんな中での提言をみていくことにしましょう。

　一貫した論旨ともいえますが，中島先生は教師のストレスや精神衛生の視点だけではなく，メンタルヘルスの視点を軸にした議論に特徴をみることができます。90年以前は精神衛生，以後はメンタルヘルスと言葉だけが入れ替わったようになってしまっていますが，正確には精神衛生が精神面での疾患の予防と治療，リハビリであり，メンタルヘルスは精神面での"Well Being"つまり精神衛生とあわせて精神面で充実した生活が送れることも意識した概念です（福水，1994）。中島先生は前者を「狭義のメンタルヘルス」，後者を「広義のメンタルヘルス」と表現されています（中島，2007）。心理学・社会学的な手法でいえば，例えばバーンアウトなどの精神疾患や離職の漸進的なリスクの把握を意識したストレス反応とその規定要因を探る研究（ストレス過程モデルの研究）は概ね精神衛生に関する研究に留まるといえるでしょう。精神衛生のもっとも深刻な側面を担った中島先生はそのデータ報告と合わせて，そもそも"教師として生きる"ことと"学校の健全さ・意義"にまで考察と提言を常にしています。遺稿となった中島（2007）では教師と子どものメンタルヘルスが学校

教育の「車の両輪」であり，これを立て直すことができないと我が国は「みんなで心中」とまで述べます。"日本全体の幸福のために学校園の充実が必要であり，そのための教職員のメンタルヘルス"これが遺稿での指摘になります[3]。末期のご病気の中でこの論を示されたことを敢えて強調しておきたいと思います。さて，中島先生のご著作の中で今後の学校園のチームと関わる論点を5点取り上げます。

1点目は教師が心を病むまでのメカニズムの指摘です（中島，1994，1995，2007など）。直接の原因は生徒指導など子供の荒れの問題，次に背景要因の学校の同僚・組織の歪みなどチームの不備が問題になります。つまり，職場や組織がしっかりしていなくても児童生徒が荒れるなど問題が生じなければ心の病は顕在化しにくいです。しかし，そのような組織・チームの状況で問題が起きたときに心の病は生じやすくなります。これは職業ストレス研究におけるCherniss（1980）のモデルと似たメカニズムです。今後のストレス過程モデル研究で参考になるでしょう。また，チームとしての学校園の組織を作るのは大変なことですが，できたチームとしての力は支えであり防御になるという健康の前提である健全性となるわけです。ここに，多少の手間や負荷（ストレス）を支払ってでもチームや組織を改善することの意義をみつけることができます。

2点目は教師の精神疾患の大部分はうつ病ではなく反応性うつ・適応障害レベルであるということです。うつ病ほど重度ではないが，薬物療法の効果は限定的で，本人のストレスや仕事への充分な心理的な理解・納得・乗越えが必要です（中島，1995，1996，1998，2005，2007）。また，教師本人の「苦しい」に追随しすぎて軽はずみな薬物治療や「復職可能」[4]の診断を出す医療の問題も指摘しています（中島，2007）。教師の心の病の回復には時間と粘り強い支援，さらに教職への希望がみえることが必要です。ただ，病休を支える上で管理職や人数の減った学校組織には強い負荷がかかります。まずは予防，そして問題がもし起きてもチームみんなで対応することが重要でしょう。言い方をかえれば，ストレスや疾患自体もキャリアやチームの課題の一つとして向き合う視点も必要かもしれません。

3点目は病休のプロセスへの支援の仕方の問題です。病休になってから職場

復帰までの配慮の重要性です（中島, 2005a, 2006b, 2007）。復職決定後1か月程度のリハビリ出勤は他の職域では盛んに問題点が指摘されていますが，教職にはあまり批判もなく取り入れられています。そもそも病休期間の終わり一か月にのみ注目し，この期間全体をどう支えるのかという視点は教育行政の課題で，今後の対応が必要です。繰り返しますが，病休は学校園チームにも大きな負荷です。病休者が出た際は着地点（完了時期と完了の形，それまでの手続き，支えあい方など）までチーム全体で支える配慮が重要になるといえます。これは休みの形こそ違いますが産休や育休，これから増えていく家族の介護や看病などにも重要な視点といえます。

　4点目は不適格・指導力不足教師と様々な困難にさらされた結果病んでしまった先生の区別をどのように考えるのかという問題です（中島, 1998, 2007）。一言でいうとその先生が"教師・保育者に向いていない"のかまたは"教師・保育者としての職にもう耐えられない"のか，という点です。本人の立場からすれば生活もありますし，世間体もあります。また，現在の事務職員は事務的な専門性とともに高度な対人関係能力が求められ，おいそれと"転職"や"転科"はできません。そもそも，サービス業に求められる条件が厳しくなっていく現在，ストレスや障害で人に触れることが苦痛になってしまった場合はどういう生き方があるのか？，筆者には考えてもよくわかりません。このことは，現在の公務員制度自体にも関わる非常に難しい問題であり，最終的には国民の判断による問題ともいえます。国民への説明責任の観点で保育・教育の業界人は判断と説明をし続ける必要が常に生じると感じます。ところで，"中島先生のように亡くなるまでの病気の進行と闘いながら，仕事を続けることができるか？"ということを時々自問することがあります。果たせる限り仕事を続けることも，仕事を去り人生のちょうどいい負荷・ストレスの仕事を探ることもそれぞれの人生観でしか判断はつかない問題でしょう。現在，癌でも余命は平均10年を超え，介護が必要にならない限りは働き続けないといけない時代になりました。一方で，大学の教員・研究者は高齢でも勤務可能であるため，職務を遂行できなくともまた以前は発揮できた職能が衰えても職位に敢えて就き続け，周囲のストレスとご本人の晩節を汚すことがままみられ，筆者も自分の未来の納め方を考えさせられます。当然，職責に耐えられるかどうかも問わ

なければなりません。時々は生きることと働くことを考えることが，危機に陥った時の心構えになるのでしょう。

　5点目は中島先生が教職に聖職性を求めた点です（中島，2004c，2007）。健康を害した教師を支えてもなお聖職性を求め，必要なら職を去るキャリアの転換を指摘した点を重く受け止める必要があります。"教職はどの程度ずつ，聖職者で労働者で専門職か"を尋ねた研究も存在します（秦・鳥越，2003）。教師も保育者も労働者でもあり，専門職でもあり，聖職者でもあります。どれかだけではなく，顔に目と鼻と口があるようにこの3つの特性は皆にあり，どれに重きを置くかが個人のキャリアであり生き方なのではないかと思います。

　これらをみれば中島先生は患者としての教師のその都度の要望を最優先としたのではなく，長期的な見通しと社会的使命を踏まえた上で医師という専門職として個々人に直近ではとても言いにくいことも示していく姿勢をお持ちだったのだと感じます。その姿勢は職域病院であって初めて可能であり，小さな精神科医院や教職のことにかならずしも充分な理解がない普通の病院ではなかなか難しいことであろうとも思います。

　中島先生の指摘した学校組織や教育行政の構造的課題は10年後の今も残されたままです。この問題は未来の日本のための学校と教職の使命をどう考えるのか，その上で教師・保育者として生きる個々人のキャリアをどう考えるかという視点でもあるのでしょう。しかし，純粋な研究者側の少し意地悪なほどの疑いは晴れ，この問題が「国民的な課題」（中島，2007）としては認知がなされたことだけは確かな前進だといえるでしょう。

3．教師のメンタルヘルス論のこれから

　筆者がもっとも深く考えさせられた中島先生の著書は養護教諭向けのコラムをまとめた『教師と子どものメンタルヘルス』（中島，2001）です。この書籍では中島先生の青春とその葛藤の回想や人生観・死生観なども記載されています。この本の三分の二は生きることの苦しさと不安，死の不思議な魅力，さらにそれを踏まえた上で強く生きることの大切さが描かれています。今から考えればその後の7～8年間で全く研究や著書の発表速度が変わらなかった逝去ま

での所信表明を読んでいるようで，驚異と畏怖を感じます。生きることと死ぬこととというよりは死を意識した上で生きること，こういってしまえば現実感がないほど重く聞こえますが，保育・教職を選ばれた方々がその人生の生産性のほとんどを捧げるキャリアの充実と苦しみ（メンタルヘルス）はそれぞれ程度は違えど同じ課題があるように思います。人は病気にもなるし，年も取りますし，いつか死にますが，死ぬまでは生きていないといけないし，身体と頭が動く限りは働く必要があります。自分の家族の看病や介護，世話，見取りと葬儀もあります。寿命が伸びた分以上に，頑張らないといけない期間は伸び，老い・死に至る苦しみは増したといえます。教師の精神疾患やストレス，病休，離職などは不幸な特殊事例なのではなくキャリアの生き方の一部としてどう踏まえて付き合っていくかが問われているように感じます。そう考えれば，ストレスや老いや苦労や病を各々一つの要素としつつ，最終目的をキャリア（職系を中心として人生観）における充実・幸福感とする視点が有益ではないか，筆者はそのように考えます。その視点は個々人だけでは追求困難なので，学校園の組織やチームにとっても求められる課題であるように感じます。

注釈
（1）かなり苦しい状態でご遺稿をまとめられたと伺っています。
（2）本来はこのような断絶を埋める仲介となるのが教職員組合です。しかし，歴史教科書問題や日の丸君が代問題に不毛な労力をかけていた時期に，ストレスのような本来の労働組合が注力すべき問題に充分な活動を行えていないように見える点は，今後の期待をこめた苦言を筆者は示しておきたいと思います。
（3）筆者の見解を付け加えれば，"学校園の先生がストレスをためるほど努力したことは我が国の未来を明るくする，そのためのコスト・負担なのである"という点です。できるだけこのコスト・負担を"軽く"，"安全な範囲"で，"みんなで分かち合う"ことが大切なのだと思います。逆に言えば，恐縮ですが"未来の日本のために先生方が苦労をなさるのは宿命的なこと"なのだとも考えます。また，その苦労が報われるような幸福感や充実感を確保する仕組みの探索が必要であるようにも感じます。
（4）精神疾患等の状態が復職に耐えられるほど回復していないのに，給与等の経済的理由で「復職可」を医師が判断することを指します。逆に，数か月程度の治療で「復職可能」にもかかわらず，病気休暇では代替教員の予算がおりにくいことから，年単位の休職命令を出してしまう教育行政・学校経営の人事上の処置への批判も中島先生は数度にわたり指摘しています。

第2部

様々な先生がそれぞれ大変です
―教職各職種のストレスとキーワードと分析方法―

　小・中・高校教諭のストレス研究がいかに充実しているかは第1章の各論文題目をざっと見て頂くだけで理解して頂けると思います。その上で，ここでは，あまり従来注目されてこなかった保育者（保育士と幼稚園教諭をあわせた職域）と教育行政にお勤めになっている先生，養護教諭のストレスを各章で検討します。

　ここでの第一の目的はそれぞれの先生がそれぞれ独特な要素をもって"大変だ"ということを感じていただければと思います。

　第二の目的として仕事を中心とした人生観であるキャリアという概念と雇用の安定性，それがもっとも過酷な保育者という職域から考えたり（第3章），私生活と仕事をどのへんで折り合いをつけるのかというワークライフバランス，それがもっとも過酷な職場である教育行政勤務（第4章）から考えたいと思います。

　第三の目的としてリッカート法（「とてもそうである」を5点，「全くそうではない」を1点などとするような重みづけの数量評価方法）などによる量的分析は極めて簡単に行えますので，そのようなバラエティのある分析法を紹介しております。おなじみの因子分析と重回帰分析は第3章と第4章で使用しました。ロジスティック回帰分析はあまり見かける機会がないかもしれませんが第5章で使っております。"テーマとする何かを持ってる人の原因としてどの部分が大きく影響をもったのか？"に関する分析であり，とても有益ですので是非参考として使ってみてください。なお，統計ソフトがなくても散布図と近似線（第4章図4-1）は表計算ソフトだけで基本的な関係性の検討は可能です。本書で用いた分析は比較的価格の安い表計算アドイン型の統計ソフト（2万円ぐらい）で実施可能です。高価な統計ソフトやプログラミング応用型の無料統計ソフトを使いこなせる先生は，そもそも本書以上の複雑な分析を使いこなすことができるでしょう。いずれにせよ，学校園の現場の先生がデータ収集と分析に基づいて学校園のチーム作りと経営改善を考えていかなければならない時代が来ているので，ご活躍を期待しています。

第3章 保育者ストレスから考える保幼園の限界
―教師との比較でみる保育者（幼稚園教諭と保育士）―

1．問題と目的

　筆者は平成23（2011）年ごろより教職員の「人事異動」と「メンタルヘルス」，「法令によるそれらのガバナンス」をキーワードとした研究を行ってきました。その中でいわゆる県費負担教職員の精神疾患事由病気休職の統計に基づいた議論（波多江・高木，2013）や教職生活の回想による自由記述に基づいた人事異動の危機と有益さの整理（波多江・川上・高木，2013）を行ってきました。その結論の一つが教師という職業（以下，「教職」）における精神疾患やストレスの予防・コントロールといった側面に注目するだけでなく，教職全体のキャリア[1]をみる中で充実や危機，危機の克服などを総括的に議論することの有意義さです。今回考える保育者の話はストレスやメンタルヘルスというより，職に就き，どのようにその仕事を続けるか，の方がより大きい問題であるといえます。

　ところで，教職においてはすでに300を超える職業ストレスもしくは適応・不適応に関する調査研究に恵まれています[2]。近年ではその改善・克服に関する議論もなされています。その中で先行研究でも完全に置き去りにされているのが指導主事など教育行政勤務教員に関する研究と，検討が未だ充分といえない保育者[3]研究です。高木・川上（2013）では保育者のストレッサー・ストレス，労働災害，雇用条件などに関する40本程度の先行研究レビューを行っています。それらを概観すると設置形態の違いや勤務形態の多様さ，小規模組織ゆえに管理職と教諭・保育士の峻別自体が曖昧な調査設計に頼らざるを得ない点などから，初等中等教育学校の教師よりもさらに複雑なキャリアの様態を仮定する必要があることがわかります。このことが，保育者志望の学生や現職保育者の支援のあり方や，そのチーム作りや他の学校園との連携の形を不鮮明

にしているといえます。そこで,幼稚園教諭のストレス関連諸変数に関するデータを分析しその課題を考えてみましょう。

2．A県の幼稚園教諭ストレスの現状

ア）質問紙の作成経緯について　田中宏二岡山大学名誉教授と筆者は2007年度より産学連携で教職員向けメンタルヘルス問診・電話相談システム『教職員ストレスチェッカー』(販売：株式会社カイテック，以下「協力企業」)を運用しています。当システムは高木(2003)の教諭の職業ストレッサーの質問票の中から「職場環境の要因」，「個人的要因」およびバーンアウト[4]，さらに高木ら(2006)のストレスコーピングとしての「キャリア適応力」を共通項目としています。加えて，職務ストレッサーについては教諭，管理職，養護教諭，事務職員，指導主事と職位に分けて別々の質問票を用いています。なお，教諭に関する職務ストレッサーは高木(2003)を用いていますが，教諭以外の職位として管理職と養護教諭，教育事務職員の職務ストレッサーについては2006年当時の先行研究を参照し，指導主事は2009年に現職当該職位の教職員から聞き取りを重ね新規に作成しています。本稿で検討する構成項目群をそれぞれ表3-1～3-3にとりあげました。

イ）量的データの収集状況　データについては協力企業と2007年～2011年の期間に契約した教職員共済組合の各県支部のもので支部より県名を匿名とすることで研究報告化することを許されたもののみを使用します。職種として管理職と教諭，養護教諭，事務職員，指導主事の5職種が職務ストレッサーの部分が異なるそれぞれの質問票に回答する形式をとっています。それを蓄積・集計したものを検討の対象とします。本稿では1自治体(西日本のA県)において市町村費負担教職員である公立幼稚園教諭(本務者のみ)の回答がなされているため，この教諭と園長に対しそれぞれ教諭の職務ストレッサー，管理職の職務ストレッサーについて回答してもらうことでデータとしました。

A県の回答者は管理職が483名，教諭が2,048名，養護教諭が162名，教育事務職員が302名，指導主事が45名であり，回収率は全本務者の「概ね3割弱」

表3-1　管理職と教諭の職務ストレッサー

管理職職務ストレッサー

〈管理職の職務負担〉
E3．事務や手続き，様々な指導などで管理職の仕事とは考えにくい仕事を行うことが多い。
E4．地域や通学区での通学指導や補導などの諸活動に参加することの負担が大きい。
E5．地域や関係諸機関との関係維持に努力することの負担が大きい。
E6．保護者やPTAなどとの関係維持に努力することの負担が大きい。
E7．同僚教職員の仕事に関わる指導を行うことが困難である。
E8．同僚教職員との人間関係の維持やコミュニケーションをとることが困難である。
E9．家庭や地域と協力しあえるような関係や環境づくりをし，維持することが困難である。
E10．教育委員会と協力しあえるような関係や環境づくりをし，維持することが困難である。
E11．近隣の学校や施設と協力し合えるような関係や環境づくりをし，維持することが困難である。
E12．教員評価や学校評価の実施，それらに関わる取り組みが困難である。

〈クレーム対応〉
E1．児童・生徒が学校外で起こした問題に対応することの負担が大きい。
E2．一方的と感じる保護者や地域からの要求・苦情に対応することの負担が大きい。

表3-2　教諭職務ストレッサー

〈実施困難な職務〉
B1．「授業妨害をする」「教室にじっとしていられない」児童・生徒に授業などで対応することの負担が大きい。
B2．不登校や問題の多い児童・生徒とその保護者との関係維持に努めることの負担が大きい。
B3．"しつけ"，"常識"，"生活習慣"など本来家庭でなされるべきことを，細かく指導することの負担が大きい。
B4．児童・生徒が学校外で起こした問題に対応することの負担が大きい。
B5．保護者や地域からの一方的な要求・苦情に対応することの負担が大きい。
B6．地域巡回や通学区の交通指導に時間を取られることの負担が大きい。
B7．予算会計などの事務作業や専門外の仕事に応じることの負担が大きい。

〈曖昧な職務の負担〉
B8．児童・生徒の学習指導の際，充分なコミュニケーションや指導をすることが困難である。
B9．児童・生徒と学習指導以外に日常的なコミュニケーションを確保することが困難である。
B11．学級や児童会・生徒会などの運営を通して，まとまりのある集団づくりを行うことが困難である。
B12．家庭や地域と接する機会を設けて，協力しあえるような関係や環境づくりを行うことが困難である。
B13．児童・生徒の最低限の学習レベルを確保することが困難である。

です。なお，幼稚園の回答者の内訳は女性幼稚園教諭363名，男性幼稚園教諭18名，幼稚園園長115名（女性のみ）でした。比較の対象は2007年～2011年のその他の学校段階の全データを用いました。それは，女性小学校教諭3,822名，男性小学校教諭1,864名，女性小学校管理職387名，男性小学校管理職831名，女性中学校教諭1,468名，男性中学校教諭1,481名，女性中学校管理職97名，男性中学校管理職513名，女性高校教諭1,111名，男性高校教諭4,521名，女性高校管理職40名，男性高校管理職278名の教諭合計14,648名，管理職合計2,261名で，いずれも正規の採用者のみで構成されていました。

表3-3 教職員ストレスチェッカーの共通項目群

職場環境のストレッサー（4因子）

〈役割葛藤〉
同僚から過剰に期待や要求をされることが多い。
上司から過剰に期待や要求をされることが多い。
児童生徒から過剰に期待や要求をされることが多い。
自分の苦手な役割を求められることが多い。
自分の能力以上の仕事をすることが求められていると感じることが多い。
保護者から過剰に期待や要求をされることが多い。
職務を果たすのに適切な援助がない場合が多い。
児童生徒や他の教師とのやり取りの中で矛盾した要求を受けることが多い。
児童生徒の立場を優先させるべきか，教師や学校の立場を優先させるべきか，迷うことが多い。
学校や学年の教育方針について自らの信念や考えと矛盾を感じることが多い。
充分な設備や情報なしで仕事をしなければいけないことが多い。

〈同僚との関係〉
同僚や上司に誤解を受けることが多い。
同僚や上司から責められることが多い。
同僚や上司と対立することが多い。
同僚や上司が無責任な行動をすることが多い。
同僚から自分の仕事について干渉されることが多い。
職場の中で上下関係について気にしなければいけないことが多い。
同僚とうまくコミュニケーションをとれないことが多い。
同僚の愚痴や不満を聞いたり，慰めたりしなければいけないことが多い。

〈組織風土〉
自分の学校や学園では計画したことが効率よくこなすことができる。（逆）
自分の学校や学年では目標や方針といった「今やるべきこと」がはっきりとしている。（逆）
他の先生と仕事上の調整や分担がうまくいっている。（逆）
自分のやっていることが，どういったことに役に立つのかはっきりとしている。（逆）
職場ではいろいろな意見が出て納得のいく決定がなされている。（逆）
自分の仕事や役割・校務分掌を処理するのに十分な人手がある。（逆）

〈評価懸念〉
同僚に対し劣等感を抱くことが多い。
周りと比べて自分の能力不足を感じることが多い。
同僚や上司が自分のことをどう思っているのか気になることが多い。

注）（逆）とは項目の得点を逆転させる項目である。

個人的ストレッサー

最近，自分の健康が気になる。
家族や家庭について最近気になることや忙しいことが多い。
家庭では家族の病気の世話や介護について時間を取られる。
家では自分の子供の世話に時間を取られる。
家庭では家事に時間を取られる。

バーンアウト（3因子）

〈情緒的消耗感〉
今の仕事は「私にとってあまり意味のないこと」と感じることがある。
自分の仕事がつまらなく思えて仕方がないことがある。
同僚や児童・生徒と何の話もしたくなくなることがある。
同僚や児童生徒の顔を見るのも嫌になることがある。
仕事の結果はどうでもよいと思うことがある。
「こんな仕事もうやめたい」と思うことがある。
出勤前，職場に出るのが嫌になって家にいたいと思うことがある。
こまごまと気配りすることが面倒になることがある。

〈達成感の後退〉
仕事が楽しくて知らないうちに時間が過ぎてしまうことがある。
今の仕事に心から喜びを感じることがある。（逆）
我を忘れるほど仕事に熱中することがある。（逆）
この仕事は私の性分に合っていると思うことがある。（逆）
仕事を終えて「今日は気持ちの良い日だった」と思うことがある。（逆）
「我ながら，仕事をうまくこなしている」と思うことがある。（逆）

〈脱人格化〉
身体も気持ちも疲れ果てたと思うことがある。
仕事のために心にゆとりがなくなったと感じることがある。
一日の仕事が終わると「やっと終わった」と感じることがある。

注）（逆）とは項目の得点を逆転させる項目である。

3．幼稚園教諭・管理職の各ストレス得点

ア）幼稚園教諭と園長の得点比較　各種ストレッサー・バーンアウト，キャリア適応力を比較します。各因子において幼稚園教諭と園長の得点比較をt検定で比較しました（表3-4）。

職務ストレッサーは表3-1，3-2でみたように教諭と管理職では質問項目が異なるため，平均点はあくまで参考と理解してください。表3-4をみてわかるように組織風土，評価懸念，情緒的消耗感，達成感の後退および脱人格化それぞれにおいて有意に園長の得点が低く，キャリア適応力において園長の得点が高いことがわかります。つまり，有意な差があるものはいずれも平均的に園長の方がストレスに関してポジティブな傾向にあることがわかります。とはいえ，一定以上のデータが確保できた上でのt検定であるため，有意判定がなされやすく，例えば上述のキャリア適応力のように0.1ポイント程度の差をもって「統計上有意」であっても実感として意味があるかは微妙なところであるといえます。

イ）他の学校段階教諭と幼稚園教諭の平均得点の比較　他の学校段階の教諭との平均得点の比較を試みます。データが極めて多い属性があるため，ここでは一元配置の分散分析のようなデータ数でより小さな平均得点差で有意差が生じる比較検討を避け，得点の表記で概ねの傾向を捉えます。特に「差の大きさ」に着目したい各平均得点を表3-5に示します。

男性幼稚園教諭は18名に過ぎないため比較対象とするには適切ではありま

表3-4　t検定による教諭と園長の比較

	参考職務1	参考職務2	役割葛藤		組織風土		対人関係		評価懸念	
幼稚園教諭	1.91 (0.56)	2.26 (0.54)	2.25 (0.46)	t値：2.1	2.40 (0.55)	t値：8.5**	1.99 (0.65)	t値：0.4	2.29 (0.62)	t値：9.3**
幼稚園長	2.48 (0.47)	2.26 (0.71)	2.31 (0.39)		2.24 (0.44)		1.98 (0.57)		2.10 (0.46)	
	個人的ストレッサー		キャリア適応力		情緒消耗		達成後退		脱人格化	
幼稚園教諭	2.27 (0.69)	t値：0.01	2.57 (0.33)	t値：5.7*	1.85 (0.61)	t値：26.1***	2.52 (0.58)	t値：17.6	3.05 (0.58)	t値：15.5***
幼稚園長	2.28 (0.55)		2.66 (0.27)		1.53 (0.47)		2.27 (0.49)		2.81 (0.55)	

注）Tukey法による有意なものとして，*：$p<0.05$，**：$p<0.01$，***：$p<0.001$

表3-5 他の学校段階教諭と幼稚園教諭の各平均得点

	実施困難	職務曖昧	役割葛藤	組織風土	対人関係	評価懸念	個人的ストレッサー	キャリア適応力	情緒消耗	達成後退	脱人格化
女性幼稚園教諭	1.90	2.25	2.24	2.40	1.99	2.28	2.26	2.57	1.85	2.52	3.05
男性幼稚園教諭	2.25	2.49	2.34	2.72	2.14	2.57	2.56	2.71	1.90	2.40	3.23
女性小学校教諭	2.37	2.16	2.17	2.35	1.83	2.42	2.32	2.55	1.80	2.44	1.94
男性小学校教諭	2.25	2.04	2.14	2.33	1.88	2.23	2.13	2.62	1.73	2.42	1.90
女性中学校教諭	2.51	2.23	2.22	2.45	1.92	2.33	2.36	2.52	1.92	2.51	2.07
男性中学校教諭	2.42	2.09	2.17	2.33	1.86	2.14	2.17	2.60	1.81	2.45	1.94
女性高校教諭	2.19	2.17	2.11	2.46	1.88	2.31	2.38	2.60	1.85	2.49	1.99
男性高校教諭	2.13	2.09	2.08	2.45	1.91	2.09	2.17	2.64	1.83	2.48	1.90

せん。しかし，これだけのデータを蓄積しても18名のデータしか得られないという収集に難易度ゆえの価値の高さを考え，参考として敢えて提示します。とりあえずの基準として4件法の得点幅である3ポイントの10分の1である0.3を差のある参考として考えてみれば，そこから女性幼稚園教諭は職務の実施困難が低い点と脱人格化が抜きんでて高い点が特徴であるといえます。また，幼・小・中・高いずれも女性の得点が高い傾向があることもわかります。先行研究の男女教職員比較で女性の負荷の高さが報告されたりされなかったりしますが，これはデータ数の大小によって有意判定が出やすくなるか否かの差であるように考えられます。

ウ）他の学校段階管理職と幼稚園園長の平均得点の比較　他の学校段階の管理職との平均得点の比較を試みます。先の教諭の比較同様にデータが極めて多いため，有意差が小さな平均点の差でも示されやすいため，先と同様に得点の概ねの傾向を捉えることとしました。各平均得点を表3-6に示します。幼稚園女性教諭同様に女性幼稚園長で脱人格化の得点が抜きんでて高いことがわかります。また，0.3ポイントにまで達しないものの管理職職務，クレーム対応，組織風土，個人的ストレッサーなどが高い傾向があり，クレーム対応や役割葛藤，個人的ストレッサーなどは女性高校管理職も得点が高い傾向があるものの他の学校段階では男女差があまりないことも理解できます。

表3-5と3-6の得点をあわせてみてみましょう。幼稚園以外の他の学校段階は当該学校段階の教諭と比べて管理職の得点がより低い傾向があることがわ

表3-6　他の学校段階管理職と幼稚園園長の各平均得点

	管理職職務	クレーム対応	役割葛藤	組織風土	対人関係	評価懸念	個人的ストレッサー	キャリア適応力	情緒消耗	達成後退	脱人格化
女性幼稚園長	2.48	2.25	2.32	2.24	1.98	2.10	2.27	2.66	1.54	2.27	2.81
女性小学校管理職	2.38	2.04	2.10	2.03	1.78	2.15	2.15	2.84	1.60	2.27	1.56
男性小学校管理職	2.36	2.04	2.10	2.00	1.81	2.08	2.04	2.77	1.62	2.34	1.65
女性中学校管理職	2.28	2.03	2.13	2.08	1.83	2.15	2.06	2.76	1.83	2.48	1.78
男性中学校管理職	2.29	1.98	2.08	2.04	1.78	2.01	1.97	2.73	1.62	2.35	1.55
女性高校管理職	2.15	2.13	2.23	2.09	1.85	2.35	2.17	2.71	1.76	2.27	1.59
男性高校管理職	2.00	1.98	2.06	2.04	1.80	2.01	2.00	2.80	1.63	2.35	1.62

かります。表3-4でみたように幼稚園においても教諭と園長の差は有意なものが散見されます。しかし，他の学校段階では明確な教諭と比べての管理職ストレス得点の低さが，幼稚園長ではあまりはっきりしていません。幼稚園の園長は他の学校管理職と異なり，教諭・保育者としての負荷がかかっていると理解できます。つまり，ストレスにおいてより相対的に健康な得点傾向にあるといえます。幼稚園は教諭と園長のストレッサーやバーンアウトさらにキャリア適応力の差が他の学校段階よりも相対的に小さい学校種であると把握することができます。

4．総合考察

今後の課題も含めて本稿のまとめになる議論を二点から検討してみましょう。

ア）公立幼稚園教諭のストレスの課題　まず，A県公立幼稚園教諭および園長のストレス各変数の特徴的部分です。保育者の職域における幼稚園教諭という視点と学校の教師としての幼稚園教諭の2つに分けて考えてみましょう。

一点目が保育園や私立幼稚園勤務者と相対化して把握される保育者としての公立幼稚園教諭の視点です。すでにみたようにここでは幼稚園教諭も園長も他の学校段階と比べバーンアウトの脱人格化が極端に高いことが示されました。一方で職務ストレッサーも職場環境のストレッサーも個人的ストレッサーも他

の学校段階の教諭・管理職と比べ，特段深刻ではありません。また，キャリア適応力も他の学校段階と同程度の高さを持っている。この脱人格化の極端な高さは，脱人格化が心身症的傾向つまりストレス性の身体疾患リスクや不調と相関が高いことが参考になるともいえます。そもそも，保育者において労災の争点となるような身体的負荷による障害に陥るリスクは70年代から21世紀の現在にも未だ根強いものです（田中・徳永，1974；近藤ら，1979：越河ら，1976；光岡・水田，1978，1979；光岡，1980，さらに近年では諏訪，2007）。また，本章と同系列のバーンアウト尺度を用いた宮下ら（2010）では幼稚園教諭よりも保育士のほうが脱人格化が高いことなどを指摘しています。一方，私立幼稚園や私立保育園を調査対象に加えた研究では，そもそも回答者の構成が雇用の不安定さゆえに「20代」や「勤続年数5年以内」の教師が6割前後を占めるとされます（例えば，山城ら，2004，2006）。これはストレス性の疾患や身体疾患，さらに勤務に余裕がなくなったものが雇用つまりデータの母集団から消去されていることを意味します。また，保育士については認可と認可外であったり，公立と私立によってストレスや仕事への前向きさが異なると仮説づけられても，いまひとつ結果に明確さが確認できていません（山城ら，2005，2006など）。高木・川上（2013）の指摘するような，3～5年で多くの雇用が終了し，常に若い保育者が供給される私立園の状況と雇用の安定性のある公立園勤務者では今後も厳密な比較検討が難しいことは留意する必要があるでしょう。加えて，公立幼稚園・保育園においても非正規の採用者（パートタイムの非常勤講師と年間契約の常勤講師等からなります。）のデータをどのような性質のものとして取り扱うかも慎重に分析や検討を行う必要があるといえます。また，小・中・高校の教師のストレス研究は多いのですが，そこでの臨時任用の先生に注目した研究や私立学校に注目した研究はありません。ひょっとしたら，雇用の不安定性から私立学校園の保育者の課題は臨時任用の教師や私立学校の教師にもあてはまる問題があるかもしれません。また，"正規"ではないから自分のワークライフバランスにあわせて無理の少ない勤務を実現できる仕事の選び方なのかもしれません。今後の健康とチームづくりのために検討を要します。

　二点目が学校つまり他の学校段階である初等中等教育の各学校段階の教諭・

管理職と比較して把握できる，公立幼稚園教諭・園長の特徴です。幼稚園教諭と園長においてストレスの各因子の平均点は，他の学校段階の教諭と管理職の平均点と比べ相対的に差が少ない傾向も示唆されました。つまり，"公立幼稚園以外の公立学校においては，管理職と教諭のストレス負荷の差が大きい"，もしくは"公立幼稚園以外の公立学校はストレス耐性の強い人物が管理職になる傾向"のいずれかまたはいずれもが当てはまるといえます。例えば，本稿の公立幼稚園園長においても公立幼稚園教諭より有意な低さがあるとはいえ脱人格化がやはり他の学校段階の管理職・教諭と比べても抜きんでて高いといえます。このことなどは公立幼稚園の多くが教職員10名程度以下の小さな組織構成がほとんどであり，その中で現実には管理職と教諭の職務の境界が曖昧で飛んだり走ったりすることからくる身体的負荷と，そこから生じやすい心理的負荷が大きいことを予測させます。この特徴は小規模学校においても同様の傾向があるのかもしれません。小規模校と中規模校，大規模校の比較研究やチームづくりの違いを論じた議論はあまりなく今後の検討が課題です。

イ) 保育者の教職キャリアに関する検討課題 本書のような民間企業との協働でデータ収集の手法をとった場合，2,500人前後の教師のデータの中で496人分の幼稚園教諭のデータが得られました。その状況においても男性幼稚園教諭は18名に過ぎません。また，公立・私立の保育士（保育所勤務者，ただしほぼ全てが幼稚園教諭免許を有する）のデータは得られず，幼稚園教諭の中で8割を占める私立幼稚園教諭の状況もわかりません。さらに，非正規採用の幼稚園教諭・保育士の状況も把握できません。例えば保育者養成校における卒業生の継続的なキャリア調査を行ったり，私立幼稚園・私立保育園の地域ごとの協会などが継続的なキャリア調査を行うなどすれば，少しずつそれぞれの属性の統計的状況を蓄積していくことが重要だといえます。研究者や大学教員という保育者の養成と就職支援・キャリア支援を行う立場に，このような検討と支援が期待されるところでしょう。

　ところで筆者は低い給与と不安定雇用と前近代的労働環境のままの少なくない私立園を批判したいわけではありません。全国の平均的少子化の影響以上に地方の過疎化は激しく，今現在も人口移動が激しいといえます。このような状

況ではいずれの地域においても児童福祉・保育の充実の理念だけを掲げていても長期的な経営上の投資といえる正規職の確保と維持は困難が伴います。これは私立園だけでなく，訴訟が複数起こりながらも児童福祉施設全般の公設民営化を進める地方自治体も同様の状況です。このような管理・経営者側の視点に立った時，"できれば保育者を非正規・パートタイム勤務で雇って人的資源管理を行いたい"や"正規採用者には非正規・パートタイム勤務以上のコストパフォーマンス（多忙な勤務）を求めたい"という経営方針に流れやすいのは個々の自治体や法人の経営の問題だけではなく，日本全体の論議が必要な課題であるといえます[5]。あわせて，高木・川上（2013）において歴史的な経緯を整理しているように，1970年代の時点で労働災害や労働基準監督署の指導がもっとも多く入った職域の一つが保育園であり，旧労働省が旧厚生省と統合したことにより21世紀ではかえってこの問題がみえにくくなっていると考えられるほど保育者の健康と雇用，職業生活の充実は大きな困難を伴います。その一端として本章では公立幼稚園教諭にかぎってもバーンアウトが初等中等教育の学校教師より強いことを確認できたともいえます。今後は初等中等教育学校の教師よりもストレス改善の課題が危急でキャリア支援の方策探求がより困難を伴う保育者に注目していくことが重要でしょう。

　結局のところ，保育者という職域は非常にバラエティに富んだ勤務形態が存在し，そのキャリアモデルは簡単に規定できないのかもしれません。研究方法においても量的検討で充分ケアしきれない側面をケース分析などの質的検討に大きく頼らざるを得ない側面があることを示唆しているといえます。このような探求の努力はすでに触れたように，教職全体の中でより前衛的な保育者の職域をめぐる実態と環境の変化を把握することで，それらより相対的に緩やかながら類似した課題を抱える他の学校段階でも有益なものとなるでしょう。保育者の職域で示された改善方策が保育者にとって，また，教職全体にとって資するような今後の研究蓄積に期待したいところです。

注釈

（1）キャリアとは概ね仕事を中心とした人生観のことを指します（詳しくは高木・川上，2013）。養成から採用，その以前の臨時採用期間，教諭となって後の職能形成やワークライフバランスの調整，ミドルリーダーやリーダーになって退職するまでの期間全体を論じることが重要です。この期間で本人には充実した職業生活を，社会的には学校園の教育活動の充実を通じた社会貢献の最大化を模索することとなるでしょう。ところで，保育職や第5章でのテーマである養護教諭はそのほとんどが女性です。女性が職を続けるには特に私生活とのバランス（ワークライフバランス）が重要です。筆者も筆者の知人研究者もワークライフバランスの調査研究を何度か試みましたが，育児や介護など私生活は性質がバラエティに富みすぎることと，公にはできない過酷なドラマも少なくないため「研究」という形にまとめ切れないものが多い印象です。私生活もあわせたワークライフキャリア研究をなんとか進めるか，ワークライフバランスの難しさを"明かせない背景"としてキャリア研究を進めるか，悩ましい課題があります。

（2）2011年の日本健康心理学会第24回大会研究推進委員会・国際委員会共同企画シンポジウム「教師のメンタルヘルスに関する健康心理学的研究の動向」（企画者清水安夫桜美林大学教授）における発表資料を筆者のホームページ（http://takagiryou0117.blogspot.jp/）で公開していますので参照してください。

（3）幼稚園教諭と保育士を総括する職域です。前者は教師ですが後者は厳密には児童福祉専門職であり教師ではありません。初等中等教育学校教師と異なり，公立幼稚園・保育園は例外的な数であり，設置形態も公立・私立の幼稚園と保育園，幼稚園と保育園の併設ともいえるこども園のほかに，私立には無認可保育所にも同様の機能を持ったものが存在します。勤務形態は公刊統計や調査研究でも概ね，常勤と非常勤さらにパートタイムに大別され，常勤の正規採用・本務者においても私立園では雇用期間や給与体系が極めて多様です。このあたりの議論は高木・川上（2013）で整理しています。

（4）本研究はMaslach's Burnout Inventoryの系列のバーンアウト尺度を用いています。日本語版を作成した田尾・久保（1996）を参照し，高木・田中（2003）で調整を行ったものを『教職員ストレスチェッカー』で用いています。なお，商業利用に関しては許可は株式会社カイテックが参照元筆者に許可を得ています。

（5）いわゆるアベノミクスで失業率が大幅に改善されたことは，そのまま"働くお母さん"の急増を生み，保育園入所希望者急増とそこからあぶれてしまう待機児童の増加を生みました。この女性が働き社会で活躍する状況が続くには現在のような良好な低失業率が前提として必要で，多くの私立園経営者や自治体はそれに応じた投資を行うことに不安が強いようです。国の基準や制度改正など必要といえます。あわせて，保育所の抽選に落ちて，「日本死ね」とネットに投稿されたことに喝采が一部で生じ，国会議員まで嬉しそうに行政批判をする残念なモラル・雰囲気を改善することも我が国の課題といえます。つまり，我々国民にも反省すべき点があります。

第4章 教育委員会勤務も大変です
―教育行政勤務教師のストレスとワークライフバランスの議論―

1．問題と目的

（1）教育行政勤務教員をめぐる研究課題

　教師のストレスと保育者の雇用問題は社会問題として認識されつつあります。本書前半でみましたが研究は多数蓄積され，小中学校教諭や幼稚園教諭・保育士，高校教諭，特別支援学校教諭，特別支援学級担当教諭，養護教諭，初任もしくは教職に就いて数年の教諭，管理職とそれぞれで充実しています。これだけ先行研究に恵まれているストレス研究にもかかわらず指導主事をはじめとした教育行政勤務教員のストレスに関する検討は見当たりません。ここでは教員採用試験に合格し人事異動で教育行政に勤務する方を取り上げます。多くは指導主事と呼ばれますが，中間管理職としての「主任」や「主査」，管理職としての「企画監」「調整監」さらに数名の教育長も回答しており，職位と年齢が多様ですが，とりあえず「指導主事ら」と表現させて下さい。教師や保育者として採用されながら3月に突然人事異動で教育委員会や教育センターなどの教育関係施設に人事異動になった先生の実態は全く不明です。保育職・教職を志した人は「教育行政に勤務するかも」などと思うことはないでしょう。また，初任者として中堅として努力するのは授業であり学級経営や学校を改善したいという思いからで，人事の内定で校長室に呼ばれるまでもや教育行政に配属になる自分の未来を現職者でも考える人は稀なはずです。教師という職業のキャリアの中で指導主事らという職位は誰しもが経験するわけではありませんが，少なくない人数が長期間経験するミドルリーダーのキャリアルートです。また，その後に彼らの多くは管理職となります。そこで本章は既存の教師ストレス研究を援用しつつ指導主事らのストレッサー・ストレス反応過程（以下「ストレス過程」）の検討を行ってみます。

（2）調査設計

　質問紙とその収集は第3章で示したものと同じように協力企業とともに進めました。本研究では調査による測定概念を把握しやすくするために，「」で質問項目群の名称を，〈〉で因子名を表記し，""で調査協力者などのコメントの概要を記しています。

　平成20（2008）年12月からA県教育センター指導主事およびA県教育委員会指導主事，A市教育委員会指導主事それぞれ1名ずつを協力者とし，職務ストレッサー項目化等の助言・協力を得ました。彼らの仲介でA県教育センターとA県教育委員会の指導主事ら合計25名の"教育行政に勤務して感じた職務ストレッサー"に関する自由記述調査を行いました。それを協力者3名と筆者で整理し19項目からなる「教育行政勤務教員の職務自体のストレッサー（原案）」の項目群を作成しました。これをB県およびC県の協力で合計35人分の回答を得て得点分布等の検討を行いました。その結果，4項目を削減し15項目からなる指導主事の「職務自体のストレッサー」項目群を作成しました。なお，いずれの県も「バーンアウト」3因子が他の学校の教諭より高い傾向が確認されています。

2．結果と考察

（1）量的データの収集状況

　筆者と協力企業のメンタルヘルス問診サービスとして平成22（2010）年にA県で77人，平成23（2011）年にA県で66人，B県で9人，C県で13人，D県で355人の有効回答を得ました。また，A県について同一人物10人が平成22（2010）年と平成23（2011）年にそれぞれ回答を行っています。そのため，この10人の分析においては平成23年のデータ分のみを分析対象とし，合計510人分のデータで検討を行いました。なお，このデータは協力企業を通して顧客自治体より自治体名を伏せることで研究利用・公表の許諾を得たもののみを用いています。

　ところで，A県の同一人物10名の2年分の同一項目間の相関係数を検討したところ，質問紙全ての項目において0.67～0.89という一定以上の高さの相関

係数の値が確認できました。つまり，データ数の限定性はあるが，同一人物の回答が1年を経ても安定しており，項目の一貫性や安定性，信頼性がある程度確認できたといえます。

（2）指導主事らの「職務ストレッサー」の因子構造

指導主事ら510名分のデータをもとにまず指導主事らの「職務自体のストレッサー」15項目について因子分析（最尤解，プロマックス回転）を行いました。因子を構成する条件として各項目が0.40以上の因子パターン係数がいずれかの因子に存在することを条件としています。因子数の決定については固有値が1以上であり，一つの因子が最低3項目以上から構成されることを条件としました。その結果，15項目で2因子解を採用し，因子Iを〈指導主事職務への不

表4-1 指導主事らの「職務自体のストレッサー」

因子I〈指導主事職務への不適応〉		
14．学校の勤務時にはほとんど経験しなかった職務や専門性に適応するのに困難を感じる	0.875	-0.086
6．様々な事務作業や専門以外の細かな仕事を担うことに負担が大きい	0.823	-0.025
13．学校の勤務時にはあまりなかった，事務処理や力関係の難しさ，やりとりの妥協・調整といった職務に負担を感じる	0.776	-0.013
1．予算会計などの事務作業や専門外の仕事に応じることに負担が大きい	0.771	-0.017
7．申請書，会計関係の書類を整理することに困難を感じる	0.711	0.064
8．仕事に関わる研究や統計資料などを整理することが困難である	0.669	0.150
4．仕事の手続きなどが複雑になり職務の遂行が困難である	0.659	0.010
12．担う職務に「教員」らしさを感じにくく，動機づけを持つことの困難を感じる	0.582	0.143
15．授業や学級経営などイメージしやすい「教師の仕事」から遠ざかった寂しさを感じる	0.579	0.024
3．OA化や効率化で今までにない技術などへの適応が困難である	0.426	0.093
2．家庭や地域と接する機会を設けて，協力し合えるような関係や環境づくりを行うことが困難である	0.414	0.284
因子II〈コーディネートの負担〉		
9．一方的に感じるような学校現場の要求・苦情に対応することの負担が大きい	-0.108	0.834
10．各学校や地域，関係諸機関との関係維持に努力することの負担が大きい	0.112	0.658
5．一方的に感じるような保護者や地域からの要求・苦情に対応することの負担が大きい	0.024	0.619
11．各学校や教職員に接する職務に困難を感じる	0.221	0.508
因子相関係数行列	1.000	
	0.481	1.000

適応〉と命名し，因子Ⅱを〈コーディネートの負担〉と命名しました。結果を表4-1に示します。表4-1の因子相関係数よりわかるように，この2つの因子には0.48と中程度に強い正の相関があり，α信頼係数は因子Ⅰで0.85，因子Ⅱで0.79です。このことから今後改善の余地はあるにせよ，新規作成質問項目群としては一定以上の信頼性があります。以降の分析はこれらのストレス過程各因子の構成項目の平均得点を分析の対象としました。

（3）指導主事らの性別および年齢に基づいたストレス過程各因子の比較

　性別と年代をもとに指導主事らのストレス過程各因子の比較を行いました。年代（20代と30代，40代，50代，60代の5属性）と性別（男性と女性の2属性）を独立変数とし，バーンアウトの3因子を従属変数とした二元配置の分散分析を行っています。平均の比較に関する有意判定はTukey法を用いました。結果を表4-2に記します。

　〈個人的ストレッサー〉を除いて年代による主効果が有意であり，性別における主効果は〈キャリア適応力〉の女性の高さのみが有意です。つまり，指導主事らのストレス過程は性差がみられず，ストレス耐性のみで女性の高さが現れました。なお教諭対象のストレスにおいて女性教諭のストレッサーやストレス反応の高さを報告する研究は多いところです（大阪教育文化センター，1996；岡東・鈴木，1996；伊藤，2000；後藤・田中，2001など）。また，吉田（2004）は育児や家事の問題は高校ついで中学校，小学校といった順にしたがってストレッサーが低くなるとしています。さらに，教諭の多忙感研究では"子供あり"と"共働き"という回答者の多忙感が高く，特に女性においてその得点差が広がるとされています（池上，1994）。他にも，育児家事などが課題となりやすい30代や40代におけるストレスの質とその深刻さが指摘されていますが（高橋ら，2009），学校内の仕事量の分担において育児や家事を抱えた女性に一定の温かい対応を文化として持っている組織も少なくないことと，そこでは女性のストレスが低いことも指摘されています（落合，2003；2004）。様々な先行研究が女性教諭のストレスの問題を報告しながら，指導主事においてはストレス過程各因子にいずれも性差がみられないという特徴的な傾向が現れました。

2. 結果と考察

表4-2　性別・年代ごとの各因子の比較（二元配置の分散分析）

		20代		30代		40代		50代	
		男（3人）	女（10人）	男（48人）	女（40人）	男（187人）	女（69人）	男（77人）	女（33人）
職務	主事不適応	1.09 (0.60)	1.60 (0.42)	1.84 (0.54)	1.91 (0.49)	2.39 ((0.60)	2.46 (0.67)	2.11 (0.50)	1.96 (0.61)
	コーデ負担	1.00 (0)	1.68 (0.50)	1.89 (0.58)	1.98 (0.62)	1.99 ((0.58)	2.09 (0.59)	1.98 (0.52)	1.92 (0.69)
職場環境	役割葛藤	1.73 (0.57)	1.66 (0.38)	1.96 (0.50)	1.94 (0.57)	2.08 (0.56)	2.07 (0.53)	1.94 (0.41)	1.90 (0.40)
	組織風土	2.56 (0.42)	2.02 (0.45)	2.41 (0.55)	2.33 (0.72)	2.28 (0.54)	2.24 (0.58)	2.01 (0.44)	1.96 (0.54)
	対人関係	1.80 (0.72)	1.67 (0.47)	1.97 (0.53)	1.90 (0.58)	1.80 (0.54)	1.71 (0.52)	1.79 (0.47)	1.81 (0.46)
	評価懸念	1.61 (0.79)	2.10 (0.68)	2.03 (0.52)	2.14 (0.58)	2.13 (0.52)	2.14 (0.66)	2.03 (0.50)	1.84 (0.53)
個人的	個人的ス	2.27 (1.13)	2.04 (0.54)	2.21 (0.59)	2.10 (0.65)	2.17 (0.63)	2.05 (0.60)	1.98 (0.50)	2.12 (0.54)
キャリア	キャリア適	2.50 (0.38)	3.00 (0.30)	2.76 (0.31)	2.86 (0.38)	2.65 (0.33)	2.68 (0.30)	2.71 (0.28)	2.83 (0.31)
バーンアウト	情緒消耗	2.24 (0.54)	1.81 (0.67)	1.87 (0.70)	1.81 (0.72)	1.75 (0.62)	1.82 (0.73)	1.58 (0.48)	1.55 (0.53)
	達成後退	3.17 (0.17)	2.48 (0.45)	2.64 (0.69)	2.40 (0.64)	2.66 (0.57)	2.77 (0.56)	2.47 (0.56)	2.41 (0.60)
	脱人格化	2.25 (0.66)	2.33 (0.43)	2.55 (0.65)	2.53 (0.75)	2.61 (0.54)	2.58 (0.70)	2.35 (0.50)	2.34 (0.56)

		60代		F値		
		男（9人）	女（3人）	性別	年代	交互作用
職務	主事不適応	1.43 (0.41)	1.15 (0.55)	0.59	24.43***	0.92
	コーデ負担	1.31 (0.43)	1.50 (0.50)	2.16	6.19***	0.92
職場環境	役割葛藤	1.38 (0.36)	1.81 (0.51)	0.00	4.51*	0.83
	組織風土	2.09 (0.88)	1.89 (0.54)	3.50	5.10***	0.45
	対人関係	1.40 (0.41)	1.73 (0.20)	0.06	2.57*	0.48
	評価懸念	1.28 (0.38)	2.00 (0.33)	2.47	3.11**	2.06
個人的	個人的ス	1.82 (0.60)	2.00 (0.20)	0.68	1.06	1.00
キャリア	キャリア適	2.73 (0.32)	2.69 (0.51)	5.61*	3.71*	1.20
バーンアウト	情緒消耗	1.24 (0.35)	1.81 (0.46)	0.37	2.93*	0.92
	達成後退	2.02 (0.86)	2.78 (0.92)	0.08	3.56**	2.52*
	脱人格化	1.72 (0.49)	2.33 (0.63)	0.59	3.99**	0.56

※枠内の数字は平均値（標準偏差）を示す。
※F値はTukey法により算出がなされ，有意判定は*が$p<0.05$，**が$p<0.01$，***が$p<0.001$を示す。

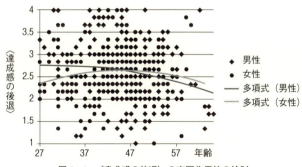

図4-1　〈達成感の後退〉の交互作用的の検討

表4-2の分散分析で唯一の交互作用のみられた「バーンアウト」における〈達成感の後退〉について検討します。X軸に年齢，Y軸に〈達成感の後退〉をおく散布図で検討してみました（図4-1）。図4-1のように男性の指導主事らは年齢を重ねるとともに〈達成感の後退〉が改善され，女性においては40代半ばをピークとして〈達成感の後退〉の高まりがあります。

（4）階層的重回帰分析によるメカニズムの検討

次いでストレス過程のモデルを階層的重回帰分析により検討しましょう。仮説モデルについては教諭の共分散構造分析によるストレス過程モデル（高木，2003）を参考とします（図4-2左）。「職場環境のストレッサー」が背景変数となり，「職務自体のストレッサー」と「個人的ストレサー」，「キャリア適応力」につながり，最終的に「バーンアウト」に至る仮説モデルを検討します（図4-2右）。

図4-2右の仮説モデルを検討するためステップワイズ法を用いた階層的重回帰分析を組み合わせて検討を行いました。最初の重回帰分析の第1ステップで性別と年代を投入し，第2ステップで「職場環境のストレッサー」4因子を投入し，従属変数として「職務ストレッサー」2因子と「個人的ストレッサー」，「キャリア適応力」を投入しました。その結果を表4-3に示します。次の重回帰分析で第1ステップで性別と年代を投入し，第2ステップで「職場環境のストレッサー」4因子を投入，第3ステップで「職務自体のストレッサー」2因子を投入し，従属変数として「バーンアウト」3因子を投入しました。結果を

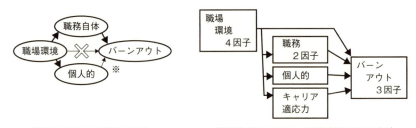

　　（教師のストレス過程モデル）　　　　（指導主事らのストレス過程仮説パスモデル）
　　※高木（2003）では中学校教諭でのみパスが存在し，小学校教諭では存在しない。
　　　　図4-2　ストレス過程に関する仮説モデル（左：高木，2003，右：本研究）

2. 結果と考察

表4-3　階層的重回帰分析によるストレス過程モデルの検討 I

従属変数		主事不適応 第二ステップ			コーディネートの負担 第二ステップ			個人的ストレッサー 第二ステップ			キャリア適応力 第二ステップ		
		β	t値	有意確率	β	t値	有意確率	β	t値	有意確率	β	t値	有意確率
第一ステ	性別	0.10	1.68		0.06	0.83		0.04	0.43		0.02	0.20	
	年齢	-0.08	-1.33		0.03	0.45		-0.01	-0.16		-0.01	-0.11	
第二ステ	役割葛藤	0.43	5.47	***	0.52	6.95	***	0.31	3.67	***	-0.13	-1.27	
	組織風土	0.30	4.19	***	0.10	1.25		0.15	1.67		-0.20	-2.30	**
	対人関係	0.33	4.45	***	0.12	1.32		0.13	1.30		0.09	0.96	
	評価懸念	0.32	4.24	***	0.10	1.08		0.03	0.28		-0.27	-3.09	***
△R^2		0.46			0.26			0.09			0.36		
F値		92.15***			47.59			10.85			5.28*		
調整R^2		0.55			0.27			0.09			0.16		
調整F値		17.52***			48.31			12.11*			23.05**		

注1）第一ステップはすでにより詳しく検討しており，あくまでモデル検討の効果抑制のためであるためここでは記述しない。
注2）有意確率については，$p<0.05^*$，$p<0.01^{**}$，$p<0.001^{***}$と記載する。

表4-4　階層的重回帰分析によるストレス過程モデルの検討 II

		情緒的消耗感 第二			情緒的消耗感 第三			達成感の後退 第二			達成感の後退 第三			脱人格化 第二			脱人格化 第三		
		β	t値	有意確率	β	t値	有意確率	β	t値	有意確率	β	t値	有意確率	β	t値	有意確率	β	t値	有意確率
第一ステ	性別	0.13	2.05	**	0.11	1.83	*	0.07	1.07		0.03	0.51		0.05	0.75		0.02	0.43	
	年齢	0.01	0.20		0.02	0.31		-0.02	-0.23		0.02	0.26		0.02	0.25		0.09	1.55	
第二ステ	役割葛藤	0.20	2.57	**	0.08	0.97		0.21	2.33	*	0.00	0.02		0.49	5.45	***	0.20	2.32	*
	組織風土	0.37	5.20	***	0.34	4.82	***	0.48	5.93	***	0.34	4.33	***	0.15	1.83	*	0.06	0.73	
	対人関係	0.11	1.48		0.95	0.66		0.19	2.34	*	0.16	1.85	*	0.23	2.78	*	0.09	1.24	
	評価懸念	0.30	3.90	***	0.24	3.01	**	0.36	4.64	***	0.14	1.61		0.34	4.04	***	0.11	1.48	
第三ステ	主事不適応				0.08	0.86					0.29	2.69	*				0.47	5.14	***
	コーディ負担				0.12	1.60					0.14	1.72					0.02	0.25	
	個人的ストレッサー				0.07	1.00					-0.04	-0.57					0.06	0.95	
	キャリア適応力				-0.12	-1.83	*				-0.17	-2.47	*				-0.20	-3.11	***
△R^2		0.44			0.07			0.59			0.12			0.37			0.22		
F値（判定）		33.57***			9.77***			19.99***			10.25**			60.68***			22.67***		
調整R^2		0.05						0.51						0.59					
調整F値（判定）		17.51***						6.50***						14.91***					

注1）第一ステップはすでにより詳しく検討しており，あくまでモデル検討の効果抑制のためであるためここでは記述しない。
注2）有意確率については，$p<0.05^*$，$p<0.01^{**}$，$p<0.001^{***}$と記載する。

　表4-4に，有意であった影響を図示したものを図4-3に示します。
　表4-3と表4-4，図4-3にみられるように「バーンアウト」を正のパスで直接規定するのは，「職場環境のストレッサー」における〈役割葛藤〉と〈組織風土〉，〈対人関係〉，〈評価懸念〉であり，「職務自体のストレッサー」における〈指導主事職務への不適応〉でした。後者の〈コーディネートの負担〉は

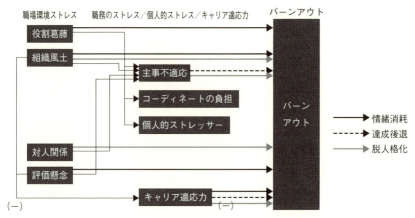

図4-3　指導主事らのストレス過程のパス図

直接「バーンアウト」を規定しておらず，職務ストレッサーとしては充分な基準関連妥当性を示していないこととなります。〈コーディネートの負担〉は"負担"と評価され，〈指導主事職務への不適応〉とある程度高い相関を有することから，今後職務ストレッサーとしての影響の追加的な検討を課題とする必要があります。

ところで，分析モデルを参照した高木（2003）の教諭ストレス研究では直接「バーンアウト」を規定していなかった「職場環境のストレッサー」が，指導主事らでは直接「バーンアウト」を規定していました。また，高木（2003）では教諭の「職務自体のストレッサー」が「バーンアウト」を強く規定していましたが，指導主事らでは「職務自体のストレッサー」は比較的緩やかな規定要因でした。あわせて指導主事らでは「職務自体のストレッサー」と「個人的ストレッサー」を規定することで「職場環境のストレッサー」が間接的に「バーンアウト」に与える影響は限定的でした。一方で「キャリア適応力」は全ての「バーンアウト」因子を直接抑制（負の要因として規定）するが，その背景には「職場環境のストレッサー」の〈組織風土〉と〈評価懸念〉が負の影響力を持っていました。

3. 総合考察

(1) 教育行政勤務には「職場環境のストレッサー」の影響力が大きい

　教諭のストレス過程（高木，2003）では職員室であり職場環境，学校組織に関わる刺激からなる「職場環境のストレッサー」は少なくとも教諭の主観的には直接的で決定的なストレッサーにはなりにくいことが示されています。つまり学校園のチームとしての強さはストレスにおいて"背景"や"前提"といえる要素なのです。一方，本研究で示された指導主事らのストレス過程は「職場環境のストレッサー」がバーンアウトに直接的な規定力を有しました。このことは教師全体の職業への動機づけが伝統的に「児童生徒とのパーソナルな関係」に喜びを置き（藤田ら，1996），その児童生徒との関係に諸問題が生じることで高ストレスとなるとの指摘（鈴木，1993；秦，1998）が参考となります。指導主事らは教師でありながら，教諭ではなくなることで，もともと"キャリアの中核"に位置づけていた児童生徒との関係や思い，動機づけを，直接的・具体的には把握しにくくなる職位であるとの解釈もできます。この意識や動機づけの再定義が本章でみたような指導主事らのストレス過程モデルと教諭のストレス過程モデルを異なったものにしたと推測できます。

(2) 教育行政勤務「職務自体のストレッサー」の影響力の限定性

　指導主事らの「職務自体のストレッサー」の影響力は高木（2003）の示す教諭の「職務自体のストレッサー」の「バーンアウト」への高い影響力に比べて限定的でした。〈指導主事職務への不適応〉は〈達成感の後退〉と〈脱人格化〉を規定しているため職務ストレッサーとしての基準関連妥当性が示されました。しかし，〈コーディネートの負担〉については「バーンアウト」とのパスが確認できませんでした。このあたりはデータを充分蓄積した上でより厳密な，例えば共分散構造分析などの分析手法で再度検討することを課題としたいと思います。

　ここでの結果を考えれば教諭のストレス過程モデル（高木，2003）のように「職務自体のストレッサー」が極端に高い「バーンアウト」への規定力を持

つことはむしろ教諭固有のストレス過程の特徴といえるのかもしれません。つまり，教諭にとって児童生徒に対する職業上の意識の存在感が大きすぎるため，"「職務自体のストレッサー」の影響力の大きさ"というよりは"児童生徒との関係のストレッサーの影響力の大きさ"が示された，と理解することが自然に思われます。ところで，筆者の聞き取りでは指導主事の勤務期間は児童生徒への対応という学生時代からイメージした教職生活像から離れることの"寂しさ"もあるものの，"多くの学校を支え，間接的に児童生徒を支えている"ことや，"特に優れた他の教師（行政勤務中ではあるけど…）と学校段階を越えて一緒に仕事ができること"などが特徴的な充実感として語られています。このあたりの指摘とモデルが示した結果をあわせて考えれば，指導主事の職位を人事上拝命することはストレス過程の構造を変えてしまうほどのキャリアの転機といえるのかもしれません。このような人事異動というキャリアの転機は指導主事らだけでなく養成段階から採用期間，現職期間さらに管理職期間といった教師のキャリア全体の中で検討する必要があるように思われます。

（3）教育行政勤務では一見「個人的ストレッサー」の影響力がないですが……

本研究の階層的重回帰分析によるモデルの検討で指導主事らの「個人的ストレッサー」は「バーンアウト」を規定していませんでした。また，性別・年代の属性に基づいた比較検討でも女性教諭の30代と40代のストレス増大の大きな原因の一つであるワークライフバランスの問題は本研究では確認できません。つまり，大多数の女性教諭と異なり"指導主事になった女性教師にとって私生活の課題がストレスに影響している状況が確認できない"ということを意味します。より多角的に検討をする必要がありますが，教育行政に勤務した経験のある先生に話を聞くと，"「私生活の負担がない」のではなく，「私生活を顧みることを許されないほど仕事をする（させられる）」のではないか"との意見を複数いただきました。そこまでする人だから教育行政への人事異動となる，と考えることもできます。このことは，ワークライフバランスの問題を考えるときに「負担がないからOK」なのではなく，「負担すら許されない」実態を科学的にどう把握し改善を考えるかを考慮する必要性を感じさせます。小・

中学校教諭の比較を意図した高木（2003）では女性教諭のワークライフバランスのメカニズムは「個人的ストレッサー」の増大が他の職業ストレッサーの増大とも連動する職業ストレスの"流出モデル"で説明できるとしています（高木，2003）。ストレスでみたワークライフバランスの関係については，他にも仕事または家庭の問題をもう一方の充実感でバランスを取ろうとする"補償モデル"，さらに家庭と仕事が完全に独立して把握される"分離モデル"など様々なメカニズムが職業ごとに示されます（小泉ら，1998）。ここでの指導主事におけるワークライフバランスの特徴は"分離モデル"か"補償モデル"を示唆するものと解釈できます。この指導主事らの分析結果は職業人としての"メンタルヘルスの良さ"ではあるのかもしれません。しかし，育児や家事，介護といった負担がどうしても含まれる人生の時期に心理的負担としてこれらが"まるで忘れたかのように"認知がなされていないことは果たして職業生活として"QOLが高い"または"望ましい"といえるのかどうかは疑問が残ります。例えば，今後聞き取りなどを通して指導主事のような仕事に大きな貢献をする教師のワークライフバランスが私生活の犠牲つまり"補償モデル"的な生活となっていないかどうかを検討していくことも必要でしょう。

（4）「キャリア適応力」の影響力

　キャリア適応力とはSuperら（1988）がもともとはキャリアカウンセリングつまり職業人の適応支援を行うための鍵概念として示した，心理であり態度です。具体的には現在の職への前向きな気持ち，将来に向けて職業上の積極的な考察・思考，それらを踏まえた努力の実績を測定する概念です。キャリア適応力の確保はすでに示した健康の確保に加えて，健全な職業上の能力開発と適応，将来の職業生活の充実という本質的な意味でのメンタルヘルス全般の改善につながるとされています。このキャリア適応力という概念は我が国でもこの10年注目されてきました。例えば，一般職業人を対象にキャリア適応力と職場の組織風土との相互の関係を検討した研究（益田，2000）や尺度開発の議論（渡辺・黒川，2002），キャリア適応力がいわゆる"キャリアアップ"としての積極的な転職の模索の原動力となっているとする研究（益田，2010）などです。本研究の質問紙で採用した高木ら（2006）の教諭向けの質問項目群は渡辺・黒

川（2002）を参照しつつ作成されたものです。高木（2006）では職務に関係するストレッサーの高さがきっかけとなり「キャリア適応力」が高まり，その「キャリア適応力」が「バーンアウト」を抑制するモデルを提示しています。つまり，キャリア適応力は現状の職業・職務の負担や不満を糧に職能成長やストレス耐性の原動力となる心理または態度なのです。この質問項目群により管理職（露口，2011）および養護教諭（都丸，2011）の検討でもストレス抑制に効果があることが確認されています。本研究における指導主事らにおいても「バーンアウト」全因子を抑制する効果が示されました。

このような示唆の中で未だに"どうすれば「キャリア適応力」を高められるか？"は未検討です。"メンタルヘルス"といえば，どうしても精神疾患の治療と予防に関する議論が中心とイメージしやすいものです。本研究でみたような教諭から異動して指導主事らの職務に適応を促し，その適応を通して職務遂行や職能成長が進展することの結果として精神疾患リスクが低減するという文脈の方が，より前向きで，有益で，明るい展望を持つことができるでしょう。これには，例えば欧米のキャリアカウンセリングの介入手法を活用する検討や実践手法の開発などを模索することで進展が望めます。ストレスの改善に加えて，結果的にストレスを軽減できる幸せな教職生活をデザインしうるような研究の進展を期待します。

さて，昭和の時代は教育行政は学校現場からは"悪者"や"悪代官"のようにもいわれることがありました。しかし，少し考えればわかるように，人事異動一つで教師も保育者も行政に異動しなければなりません。そして，まじめな先生が行政に異動を命令されやすく，教職の中で特に大変な業務を担うわけです。この点の強調を最後にしたいと思います。

結局のところ，普段自分が勤める，交流のある学校種であったり，職種以外は様子がみえにくいものです。第3章でもみたように"幼小中高とも先生はみんな大変"これがわかったところが，学校園の縦の連携を考える重要なスタートであるように感じます。

第 5 章　保健室の先生も大変です
―養護教諭のストレスと"要リスクレベル"でみえてくる世界―

1．問題と目的

（1）教職キャリアという検討課題

　教職においてはすでに300を超える職業ストレスもしくは適応・不適応に関する調査がなされています。近年ではその改善・克服に関する議論や制度設計・改善の参考になる提案まで多様な議論がなされています。職種の歴史もあわせて概観してみましょう。

　養護教諭は"学校看護婦"から，昭和16（1941）年国民学校令において"養護訓導"と定められ，昭和22（1947）年に学校教育法において現在の形に定められました（近藤，2003）。「養護」つまり教育（日本国憲法26条の理念）と福祉（同25条の理念）の中間を意味するその社会的使命（有村，2002；有村，2003；原田，2003；杉村，2004；油布・洞，2005など）を担う職種です。小学校や中学校，高等学校，特別支援学校のみならず高等専門学校や公立の大学などに配置され，近い将来は幼保園にも配属が普及するでしょう。

　授業や学級経営を担わないが教職の中でも独自性の強い職務が構成されています。その職務の内容や課題（石原ら，1988；鈴木・別惣・岡東，1944；鈴木・別惣・岡東・湯藤，1994；鈴木・池田・河口，1999；早坂，2001；杉村，2004；久保，2009など），学校内における一人職としての人間関係における位置づけ（相川，1998；1999など）などについては諸研究が蓄積されています。また，ストレスなどを通して養護教諭の主観的悩みや心因性の健康リスクなどについても議論がなされつつあります（例えば，岡東・鈴木，1996；相川，1998，1999；廣瀬・有村，1999；伊藤，2003；中西，2004）。

　これらは傾聴すべき諸提言に加え養護教諭と他の教諭との質的に異なる部分を検討することが課題です。例外的に岡東・鈴木（1996）は90年代前半の教

職全般の職務実態や職場環境構造，私生活負荷など総括的な検討の中で相対的な養護教諭の位置づけの議論を行っていますが，発表から20年近い歳月が経過しています。そこで本研究は他の教職員の状況もある程度共有しながら，養護教諭の勤務実態の検討を試みます。あわせて，年代によるこれらの推移についても検討を行い議論したいと思います。

（2）データ収集経緯

データ収集経緯と構成内容は第3章と同様です。このシステムでは教諭に関する職務ストレッサーは高木（2003）を用いていますが，教諭以外の職位・職種として管理職と養護教諭，教育事務職員の職務ストレッサーについては平成

表5-1 養護教諭の職務ストレッサー各項目と平均点，標準偏差

番号	項目内容	平均値	(SD)
D1	不登校や問題の多い児童生徒，その保護者らとの関係を維持することの負担が大きい	2.460	(0.87)
D2	児童生徒が学校外で起こした問題に対応することの負担が大きい	1.786	(0.73)
D3	一方的と感じる保護者や地域からの要求・苦情に対応することの負担が大きい	2.091	(0.79)
D4	地域巡回や通学区の交通指導に時間を取られることの負担が大きい	1.663	(0.69)
D5	様々な事務作業や専門以外の細かな仕事を担うことの負担が大きい	2.663	(0.87)
D6	保健室登校などの児童生徒に学習指導・生活指導を行うことの負担が大きい	2.161	(0.91)
D7	関わりの深い児童生徒と日常のコミュニケーションを充分とることが困難である	2.127	(0.71)
D8	進学や進級する児童生徒の必要な引継ぎを関係者との間で充分とることが困難である	1.968	(0.67)
D9	家庭や地域との間に，協力し合えるような関係や環境づくりをすることが困難である	2.264	(0.71)
D10	申請書，会計関係の書類を整理することが困難である	2.003	(0.77)
D11	仕事で気づいたことなどを同僚や上司に知らせたり，理解を求めることが困難である	1.969	(0.74)
D12	仕事に関わる研究や統計資料などを整理することが困難である	2.312	(0.79)
D13	保健室で担当する物品管理を充実させることが困難である	2.124	(0.75)
D14	保健室で児童生徒への対応を充分行うことが困難である	2.131	(0.76)

表 5-2 養護教諭の職務ストレッサー項目群の因子構造（最尤解，プロマックス回転）

	因子Ⅰ〈養護教諭の日常職務〉	因子Ⅰ	因子Ⅱ
D12	仕事に関わる研究や統計資料などを整理することが困難である	0.719	-0.032
D13	保健室で担当する物品管理を充実させることが困難である	0.726	-0.130
D14	保健室で児童生徒への対応を充分行うことが困難である	0.598	0.112
D10	申請書，会計関係の書類を整理することが困難である	0.611	0.076
D11	仕事で気づいたことなどを同僚や上司に知らせたり，理解を求めることが困難である	0.575	-0.023
D 7	関わりの深い児童生徒と日常のコミュニケーションを充分とることが困難である	0.416	0.299
	因子Ⅱ〈養護教諭の生徒指導職務〉	因子Ⅰ	因子Ⅱ
D 1	不登校や問題の多い児童生徒，その保護者らとの関係を維持することの負担が大きい	-0.031	0.761
D 6	保健室登校などの児童生徒に学習指導・生活指導を行うことの負担が大きい	-0.036	0.721
D 3	一方的と感じる保護者や地域からの要求・苦情に対応することの負担が大きい	0.040	0.609
D 2	児童生徒が学校外で起こした問題に対応することの負担が大きい	0.003	0.596
	いずれにも属さない項目		
D 9	家庭や地域との間に，協力し合えるような関係や環境づくりをすることが困難である	0.369	0.313
D 5	様々な事務作業や専門以外の細かな仕事を担うことの負担が大きい	0.348	0.170
D 8	進学や進級する児童生徒の必要な引継ぎを関係者との間で充分とることが困難である	0.347	0.281
D 4	地域巡回や通学区の交通指導に時間を取られることの負担が大きい	0.093	0.293
	因子相関関数	1.000	0.489
		0.489	1.000

18（2004）年当時の先行研究を参照し作成しています。養護教諭も当時の現職養護教諭3名（当時小学校勤務2名，中学校勤務1名）とともに独自に作成しました。これらの項目が各項目においてバーンアウトと概ね線形性の正の相関がある，つまりストレッサーとして認められることと，これらの因子構造などは検討を終えています。作成および測定を行った14項目を表5-1また因子構造を表5-2に示します。

2. 結果と考察

平成27（2015）年8月時点収集分も含め養護教諭としての利用可能なデータの総合計が1,368部です。

本研究のもととなった教諭向けのストレッサー・バーンアウトモデルについては共分散構造分析に基づいた適正モデルの検討を行っています（高木, 2003）。共分散構造分析においては各因子を構成する潜在構造を定義し，潜在構造間のパスを議論する確認的分析としての性質を有しています。ここでは未だ探索的な分析の段階であることも留意しつつ，また各因子間の影響過程もあわせて検討する趣旨で敢えて重回帰分析によるステップワイズ法に基づいたモデルの検討を行います。『教職員ストレスチェッカー』の各教職員共通項目を第3章表3-3の8因子構造を前提として分析を行っています。

（1）分析Ⅰ：ステップワイズ法によるモデルの検討

ストレス過程のモデルを階層的重回帰分析（ステップワイズ法）により検討を行います。仮説モデルについては教諭の共分散構造分析によるストレス過程モデル（高木, 2003）を参考とします（図4-2左）。「職場環境のストレッサー」が背景変数となり，「職務自体のストレッサー」と「個人的ストレッサー」，「キャリア適応力」につながり，最終的に「バーンアウト」に至る仮説モデルを検討します（図4-2右）。

図4-2右の仮説モデルを検討するためステップワイズ法を用いた階層的重回帰分析を組み合わせて検討を行います。留意点として年代という人口統計学的変数の影響（性別については100％が女性であるためここでは投入しない）を抑制するためにこれらをダミー変数として投入します。そのため，最初の重回帰分析の第1ステップで年代を投入し，第2ステップで「職場環境のストレッサー」4因子を投入し，従属変数として「職務ストレッサー」2因子と「個人的ストレッサー」，「キャリア適応力」を投入しました（表5-3）。次の重回帰分析で第1ステップで年代を投入し，第2ステップで「職場環境のストレッサー」4因子を投入，第3ステップで「職務自体のストレッサー」2因子と「個

人的ストレッサー」,「キャリア適応力」を投入し,従属変数として「バーンアウト」3因子を投入しました。結果を表5-4に示します。有意であった影響を図示したものを図5-1に示します。

表5-3 「職務ストレッサー」までの影響過程

		日常の養護職務 第2ステップ			生徒指導的職務 第2ステップ			個人的ストレッサー 第2ステップ			キャリア適応力 第2ステップ		
		β	t値	有意	β	t値	有意	β	t値	有意	β	t値	有意
第1ステップ	年代	0.04	2.07		0.11	23.1	***	0.17	6.29	***	-0.85	-3.2	**
第2ステップ	役割葛藤	0.38	12.8	***	0.45	14.1	***	0.22	6.67	***	-0.12	4.93	***
	組織風土	0.11	4.06	***	-0.05	1.77		-0.51	1.74		-0.19	6.29	***
	対人関係	0.03	0.89		0.42	1.36		0.01	0.31		0.08	2.29	*
	評価懸念	0.16	5.61	***	0.05	0.15		0.17	5.29	***	-0.14	4.26	***
△R^2		0.309			0.01			0.14			0.11		
モデルⅠ, F値(判定)		2.06			17.3***			39.5***			1.01**		
モデルⅡ, F値(判定)		152.56***			75.45***			43.7***			32.25***		
調整R^2		0.31			0.21			0.14			0.11		

表5-4 「バーンアウト」までの影響過程

		情緒的消耗感						達成感の後退						脱人格化					
		第2			第3			第2			第3			第2			第3		
		β	t値	有意	β	t値	有意	β	t値	有意	β	t値	有意	β	t値	有意	β	t値	有意
第1ステップ	年代	0.02	0.07		0.01	0.06		0.04	1.61		0.03	1.14		0.07	2.71	*	0.06	1.56	
第2ステップ	役割葛藤	0.19	6.46	***	0.11	3.59	***	0.09	2.88	**	0.04	1.13		0.32	10.6	***	0.17	5.31	***
	組織風土	0.18	6.92	***	0.13	5.28	***	0.31	11.22	***	0.24	9.09	***	0.14	5.41	***	0.14	5.61	***
	対人関係	0.07	2.61	*	0.08	2.81	**	-0.1	2.78	**	-0.1	2.42	*	-0.01	0.05		-0.02	0.72	
	評価懸念	0.29	10.3	***	0.25	8.91	***	0.24	8.03	***	0.21	6.86	***	0.18	6.38	***	0.14	4.87	***
第3ステップ	日常養護職務				0.17	6.18	***				0.13	4.59	***				0.15	5.41	***
	生徒指導的職務				-0.2	0.78					-0.04	1.61					0.09	3.65	***
	個人的ストレッサー				0.01	0.15					-0.06	2.52	*				0.21	8.35	***
	キャリア適応力				-0.2	6.48	***				-0.3	11.47	***				0	1.47	
△R^2		0.33						0.31						0.28					
モデルⅠ, F値(判定)		165.35***						95.2***						131.69***					
モデルⅡ, F値(判定)		100.22***						74.9***						93.91***					
調整R^2		0.37						0.32						0.29					

注) *: $p<0.05$, **$p<0.01$, ***$p<0.001$を示す

共分散構造分析で検討を行った教諭同様の分析では「職場環境のストレッサー」4因子により構成される潜在構造は小学校教諭においても中学校教諭においてもバーンアウトを規定していませんでした（高木, 2003）。また, 同様の質問項目において指導主事ら教育行政に勤務する教諭355人分の重回帰分析（ステップワイズ法）でのモデル検討でも「職場環境のストレッサー」を構成する4因子はあまり「バーンアウト」の3因子を規定してはいませんでした。なお, これは管理職においてもほぼ同様の結果でした（露口・高木, 2012）。

　このような他の多くの教師の職種に比べ養護教諭においては「職務ストレッサー」2因子同様に「職場環境のストレッサー」4因子が積極的に「バーンアウト」3因子を直接規定していたことが大きな違いといえます。このことは一人職である養護教諭にとって児童生徒に対する「職務ストレッサー」つまり養護教諭特有の職務や生徒指導に関する職務といった負担と感じられやすい職務内容同様に, 教職員への対応や職員室に関わる様々な主観的感覚が"職務実施の背景"（仕事の遂行を調整するが脅威とはならない要素）なのではなく"職務自体の対象"（調整効果だけでなく, 直接脅威となりうる要素）として認識されていることを示していると理解することもできます。ここでの分析のもととなった「職場環境のストレッサー」は他の職種の教師ではストレス抑制要因であるソーシャルサポートの逆転変数として捉えることもできますが, 養護教

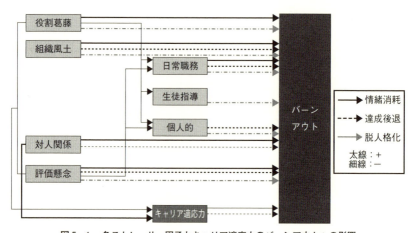

図5-1　各ストレッサー因子とキャリア適応力のバーンアウトへの影響

諭においてはまた別のソーシャルサポート源を考慮する必要があるのかもしれません。いずれにせよ，養護教諭のソーシャルサポートとしての機能は今後職場環境のストレッサーの職務ストレッサー・バーンアウト過程への交互作用の検証などもあわせてより多角的に議論する必要があります。

（2）分析Ⅱ："要リスクレベル"で見えてくる世界

　高木（2003）で作成したストレッサー各因子はバーンアウトの原因となることと，キャリア適応力はバーンアウトを抑制することを共分散構造分析で確認しています（図5-1）。教諭においては，職務のストレッサーと個人的ストレッサーが直接バーンアウトを規定しているものの，職場環境のストレッサーは職務自体のストレッサーや個人的ストレッサーの背景にある間接的影響力のみで，直接はバーンアウトを規定しないことを確認しました。

　高木（2003）の教諭のモデルや前節でみたような変数はバーンアウトの得点が低い人から高い人まで合わせた全体的傾向に基づいて把握したものです。しかし，精神科医等（例えば，中島，2005bなど）の強調する「職場のサポートの必要性」はこのような共分散構造分析によるこのようなモデルや二限配置の分散分析による職場環境のストレッサーの効果などでは「効果不充分」とみなさざるを得ず，介入の方向性に関する議論に離齬があるように感じます。そこで，ここでは公衆衛生学的研究を参考に病的状況に近い"危険域の人物（バーンアウト上位5％）"とその他9割以上の"危険域ではない人物"でストレス規定要因がどのように異なっているかを多重ロジスティック回帰分析で検討しました。これにより"ストレスを拗らせてしまった教職員（危険域の教職員）は大多数と異なり何に傷ついているのか？"を探ることができるとともに，精神疾患レベルの重篤化した教職員に対する精神科医らの議論に近い把握が可能となります。

　多重ロジスティック回帰分析を行いました。統計上，"危険域教職員にとっての特に破壊力の大きい因子"と"危険域教職員となる状況を特に予防する因子"を示しました。"当該因子のNポイント増により危険域に陥る確率増加分"は"オッズ比のN乗"で算出されます。あくまで目安として有意であった因子の各項目1ポイント増（項目数分のポイント増加）になった場合の"危険域リ

表 5-5 養護教諭のバーンアウト危険群の規定要因

要因	変数	オッズ比	オッズ比 98%信頼区間		p値
			下限	上限	
職務ストレッサー	日常職務（6〜24）	1.1398	0.0584	0.2034	0.00***
	生徒指導（4〜16）	1.2255	-0.2465	0.1032	0.00***
職場環境ストレッサー	役割葛藤（11〜44）	1.0958	0.0134	0.1696	0.02*
	組織風土（6〜24）	1.1477	0.0260	0.2495	0.02*
	対人関係（5〜20）	1.0026	-0.1338	0.1390	0.97
	評価懸念（6〜24）	1.2237	0.0918	0.3119	0.00***
個人的ストレッサー（5〜20）		0.9528	-0.1306	0.0338	0.25
キャリア適応力（10〜40）		0.9271	-0.1431	-0.0083	0.03*
定数項		0.0000	-13.5181	-6.6787	0.00

注）*：$p<0.05$, **：$p<0.01$, ***：$p<0.001$を示す．

スク増加分"を示しておきます。

まず，養護教諭の職務ストレッサー2因子についてみてみましょう。

表5-5でみるように，養護教諭については"学校内職務の負担"が10ポイント増加すると"1.1398の10乗"であるため3.71倍のリスク増となります。同様に"役割葛藤"で2.58倍，"組織風土"で2.31倍，"評価懸念"で3.29倍のリスク増加となります。一方で"キャリア適応力"の抑制効果は10ポイント増で0.48倍にまで危険域となるリスクを抑制します。

表5-5をみてわかることは，養護教諭の"要リスクレベル"という重いストレスにおかれた先生の世界観です。女性教諭にもかかわらず個人的ストレッサーつまり育児や家事は影響力を持っていないようです。また〈対人関係〉のストレッサーつまり同僚や管理職との人間関係のストレッサーも効いていません。しかし，保健室における子供の対応である職務ストレッサーだけでなく職員室や勤務先の仕事をめぐる構造，経営状態の問題からなる職場環境のストレッサーは有意な悪影響があり，リスクをはねあげることがわかります。高木・田中（2003）では小中学校教諭にとって職場環境のストレッサーのバーンアウトへの直接的影響力は存在しませんでしたが，養護教諭では存在するようです。推測ではありますが，養護教諭にとっては子供同様に同僚も，職務遂行の対象

であり客体といえるのかもしれません。で，あれば教諭にとっての職員室は"後方"ですが養護教諭には"前線"と捉えられていると考えられます。

3．総合考察

（1）養護教諭の職務ストレッサーの考察

　養護教諭は管理職や教諭，教育行政勤務教員と異なり「職務ストレッサー」や「個人的ストレッサー」だけでなく「職場環境のストレッサー」が直接バーンアウトを規定していました。さらに「職場環境のストレッサー」は「職務ストレッサー」や「個人的ストレッサー」を増大させる機能や「キャリア適応力」を阻害する影響力も有します。以上から養護教諭にとっての職員室である職場の社会関係諸要素は他の教諭よりも潜在的なリスクとしてより強力なものがあるといえるでしょう。これは養護教諭が一人職として"同僚"と定義する人間関係に他の職種より難しさがあることや，そもそも管理職や同僚教職員が児童生徒同様に職務遂行上の協働対象というよりは職務遂行の客体として認識されているのかもしれません。ところで，筆者の養護教諭に対する聞き取り調査や自由記述形式のアンケート調査では管理職や同僚教員からのサポートよりも教育事務職員や学校栄養士（概ね栄養教諭も同様と考えてよいでしょう）との助け合い，さらに近隣学区や複数配置の同僚養護教諭に関するエピソードが多い印象があります。つまり一人職同士での支えあいがあるようです。その指摘に沿えば養護教諭ら一人職は学校内に明確な"後方"つまり支援の源はなく，学外ネットワークの中に"後方"を持っているのかもしれません。ところでこの「職場環境のストレッサー」は逆転化させた場合はソーシャルサポートであるため，同僚性の価値がストレスの重篤化の側面では積極的な効果があることを示唆したものといえます。このようなサポートやサポートの欠如の問題が深刻なストレスを左右するのであるとすれば，ここでは変数として取り入れなかった一人職特有のサポート源やその欠如の影響力を今後検討することが養護教諭や一人職のチーム性を考える上で有益であるといえるでしょう。

（2）ロジスティック回帰分析による分析のまとめ

　バーンアウトが高い「職場環境のストレッサー」は"背景変数"として"間接的"な健康阻害（バーンアウト促進）効果しかない消極的な意味でみえました。これが共分散構造分析や重回帰分析の結果です。しかし，上位数％のバーンアウトが特に高い，"ストレスを拗らせてしまった教職員"と90％以上の大多数の"ストレスを拗らせるまで行っていない教職員"の両者を分ける分析では，「職場環境のストレッサー」のいくつかの因子が有意なオッズ比でリスク要因として成立していることがわかります。稚拙な喩えですが糖尿病は直接肺炎をもたらさないものの，感染症に罹患した際に糖尿病の人は肺炎のリスクが格段に高まります。つまり，糖尿病は直接は死亡の原因にはならなくとも，色々な原因を深刻にしてしまう，間接的な恐さがあります。同じように，学校における職場環境のストレッサーは多層モデルで検討した場合，直接にはバーンアウトを規定しないのですが，職場環境のストレッサーの高い状態でいったん直接バーンアウトに影響力のある職務ストレッサーや個人的ストレッサーが何かのアクシデントなどで高まった場合，その際のバーンアウトが極端に高まってしまうリスクを上昇させてしまいます。糖尿病が直接の死因となることはないように，学校園のチームとしての職場環境は直接のバーンアウトなどの原因ではありませんが，糖尿病もチームの不全も大きな病気の背景であることは同様だと喩えることができます。図5-2は精神科医の報告による教師のストレスのメカニズムを筆者が図に整理したものです。職場環境の要因や上司・同僚の

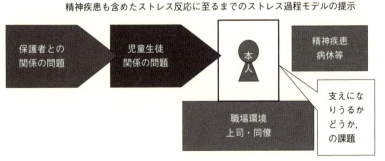

図5-2　職場環境要因の心理的影響（中島，2005b，2007などをもとに筆者が作成）

サポート（これがない状態をストレッサーと理解することができます）は教諭や管理職，教育行政勤務教員にとって重要なストレスへの抵抗力といえます。養護教諭はこういった"支え"として学校内に機能している要といえます。しかし，養護教諭自身の身になって考えれば，前節でみたように，「職場環境のストレッサー」は背景変数的な性質ではなく，直接バーンアウトを規定する傾向が強く，かつ「職務自体のストレッサー」や「個人的ストレッサー」にも影響力を持つ，より強力な線形性・加算的なストレッサーとして機能していました。これは繰り返しになりますが養護教諭にとって「職場環境のストレッサー」からみれば職員室や学校組織は図5-2のような"足場"や"体質"，"後方"といったサポート源にもなり得るような要素はあまりなく，サービスの向かうべき"前線"として位置づくようです。養護教諭においてのみ「職場環境のストレッサー」が直接的なストレッサーともなり得るため，他の教師の職種と比べて一人職の同僚性を考える上での大きな課題と理解することもできます。一方で，学校内で職務も支援体制も完結する教諭と比べて，学校外にもネットワークを有することが必要な養護教諭ら一人職は，"学校内でのチーム化"だけでなく，"学校園の間のチーム化"の可能性を有する立場であるといえるかもしれません。

（3）養護教諭のキャリアに関する学校経営・人事行政上の検討課題

　本章の分析では養護教諭において職場環境はよりストレッサーとして多様で直接的な影響力を有することと，ストレスの重篤化には多様で比較的緩やかに各ストレッサーが機能していることが示され，一人職という文脈での解釈を行いました。そのような論点で，以下に3点の研究・ストレス改善の課題を提案したいと思います。

　①養護教諭の複数配置状況と単独配置の状況の比較分析。養護教諭にとって校内に"後方"があれば，より心理・情緒的サポートや職務遂行の改善が期待できるかもしれません。例えば，初任者や臨時の養護助教諭や定年後の再雇用，さらに一貫校・併設校での状況を調査・検討してみると様々な改善の糸口を見つけることができるかもしれません。

　②養護教諭の職務と職場の人間関係の事務職種的側面。職務の多くの側面で

統計処理等の事務的職務が多く，近隣の学校園の養護教諭や教育委員会事務局，教育事務職員との協働場面が多いといえます。職員室ではなくこのようなネットワークがサポート源であり，脅威の無い調整要因として機能していると期待できます。これは，ひょっとしたら学校園の間を超えたチーム・協働化の要として様々な価値を有するかもしれません。

　③養護教諭の人事異動と昇進などを含めたキャリア展望の議論の必要性。保健主事以外に職業キャリアの起伏があまりなく，他の多くの教諭とは異なる職能開発でありキャリア発達のルートを考える必要性があります。また，養護教諭出身の学校管理職や，教育行政の幹部の可能性も今後，考えてみてもいいかもしれません。あわせて，養護教諭は幼・小・中・高・特といった学校園を超えて人事異動を経験できる特徴のある職種です。ここに単位学校経営や地域教育経営を主導するだけのキャリア形成ができるような他にない可能性があるのかもしれません。

終章　保育者・教師のストレスの話からチームを考える

(1) これからの課題としてのストレス―第一部まとめとこれから―
ア）第1章のまとめとこれからの課題　第1章ではこの40年ほどの教師・保育者のストレスに関わる議論を整理してきました。様々な課題や測定方法のヒントを見つけるきっかけになれば幸いですが，ストレス研究も大きな変革点に差し掛かっています。

　変化の一点目は平成28（2016）年施行の改正労働安全衛生法によりストレスチェックが義務化された点です。国際基準であり，けた違いのデータの蓄積があり，縦断的データ収集もなされている厚生労働省推奨のストレスチェックは極めてよくできた尺度です。ストレスの原因やソーシャルサポート，ストレスの結果としての不健康指標に関する質問も包括しています。ですから，第1章で紹介したストレス性不健康の測定質問項目群であるバーンアウト尺度（『Maslach Burnout Inventory』や『Burnout Inventory』がよく用いられます。）や総合的ストレス反応尺度であるGHQ（『General Health Questionnaire』）等は今後の価値は減っていくでしょう。いわば秦の始皇帝の度量衡の統一のようにストレスに関する規格が統一され，非統一規格の位置づけは難しく今後は廃れていくように感じられます。この制度は職場の労働安全委員会が可能な範囲で職場のストレスをチェックし改善するPDCAのマネジメントも求めています。ストレスの結果生じる不健康やリスクの測定は教師も保育者も他の仕事も人間である限りほとんど変わりはありません。ゆえに第1章でみた，その職業や学校段階，職種特有の悩みや負担であるストレッサーといわれるものは改善のヒントを探るために厚生労働省ストレスチェックとは別に質問項目を添付して検討してみることも有益だと思います。この他にも，ソーシャルサポートを除くストレス対処行動やワークライフバランスに関する質問は厚生労働省ストレスチェックでは存在しない部分であり，職場の改善のため付け加えて調査と分析，改善の議論を行ってみることが有益だと思います。"厚生労働省推奨ストレスチェック"という標準（デフォルト）装備に加えて，学校園の種類や課題意識に応じて固有性の強い特定尺度（モジュール）を選択（オプション）装

備する時代が来るのではないかと思われます。

　なお,『Excel』などの表計算ソフトによる散布図と近似線の描画である程度の変数間の相関は検討可能です。また, 2万円程度で購入可能な統計ソフト(例えば『Excel統計』)があれば本章第2部で扱った分析は簡単に実施できます(なお,『SPSS』や『R』などの統計ソフトが使いこなせる方は, 本書の分析が歯がゆく感じるぐらい高度なことができるものと思います)。今後ぜひともご勤務先のストレスチェックをデータにし, 分析して, 職場の改善を議論してみてください。その上で守秘義務に配慮した上で全国の学校園が参照できるように, 研究として公表してください。第1章で紹介した今までの研究の大量の蓄積に加えて, 研究を残していっていただくことが, これからの日本の学校園をよくすることになります。

　変化の二点目はストレスというマイナス要素にばかり注目することへの異議申し立てがなされるようになった点です。21世紀になり教師ストレス研究は,「健康な学校」(榊原, 2009), 教育活動と学校組織の健康・健全を目標とする必要性(中島, 2007；水本, 2010)が指摘されています。そのような流れの中で疾患の対策・予防などの健康維持の議論だけでなく, 職業上の能力開発や職業生活自体をデザイン・充実させる必要性なども提示されています(江澤, 2013)。平たくいうと"メンタルヘルスといいながら健康じゃなくて病気の話ばかりして学校教育を何だと思っているんだ？"というお叱りです。全くごもっともです。では, 学校や教師にとっての"健康"とは何なのでしょうか。一つは"希望をもって学び続け, 働くこと"ではないかといえます。政策としては中央教育審議会答申「職業生活全体を通じた教員の資質能力の総合的な向上方策について」(平成24年8月28日, 以下『24年答申』)では養成段階と採用段階, 現職段階, 管理職段階を4つのライフステージとして多様な人材を招き入れつつ「学び続ける教師像」を提示しています。また,「自ら学び続ける強い意志を備えた質の高い教師」(『教育再生実行会議第五次提言』平成26年7月)や「国, 地方公共団体, 大学等が協働して, 教師がキャリアステージに応じて習得することが求められる能力を示す」(『教育再生実行会議第七次提言』平成27年5月)ことなどが示されています。この直接延長線上に「はじめに」でみた『27年教員資質答申』があります。人生観を職業を中心に考える展望つまりキャリア

の観点が注目されているわけです。誤解を恐れずにいえば"ストレスを恐れ管理するだけのキャリアは空しい"のではないかと提案いたします。

また,『27年チーム学校答申』は専門性をめざしたキャリア展開と多忙・負担への配慮だけでなく,地域特有の課題を地元の大学や教育委員会とともに学校園と教職員が「学び合い,高め合う教員育成コミュニティの構築」をセットでめざしています。そこでは教員育成協議会や教員育成指標を定め改善していくことも示されました。少し長くなりましたが,学校と教師にとっての"健康"とは"健全に子供を第一にしながら地域とともにその職業生活全体を充実させること"とまとめることができます。もちろん,そのために限界や危険性,リスク,さらに教育を担った負担であるリスク・コストとしてストレスを考える必要があるでしょう。しかし,ストレスをどんなに追求しても,充実や幸福のヒントは見つかりません。ストレスでは探求できない保育教職の充実と幸福は今のところほとんど検討がなされていません。

イ) 第2章のまとめとこれからの課題　第2章では故中島一憲先生の業績レビューを行いました。お示ししたかったのは"人は老いて病気にもなるし,いつか死ぬことになるが,死ぬまでは生きていかないといけない,おおむね人生は苦しみに満ちている"だから"ストレスはなくなるものではなく,うまくやり過ごして共存する要素"であり"人生の長期間を占める職業生活で保育者・教師という仕事を考えることが重要なのではないか"ということです。これからの時代は少子高齢化による労働生産年齢の再定義が必要ですし自立寿命自体も延びるでしょう。つまり,実年齢から考えて今までよりも"若々しく""元気に""長期間"働いていくことが重要です。こういうといいことのようですが,年金生活で何十年も時代劇でもみながらゆったりと過ごすことをあきらめないといけないのは筆者にはとても残念に感じられます。また,癌などの重い病気も余命が伸びましたが,これは同時に重い病気とともに生きる期間が伸びたわけであり,重い病気があっても働きながら生きていくことが必要になったわけでもあります。そう考えたときに精神疾患による病休などになっても復職して働いていくことの重要性がますます増してくるといえます。精神疾患でも治って働ける時代になったことはいいことですが,病気の多くは完治ではなく寛解

にすぎず，病気とともにつらくても働くことまでが要求されます。当然，中島先生ご指摘の通り"聖職"として横着はできません。働き盛りの中で重い病気でも亡くなるまで教師の精神疾患の治療とこの研究を緩めなかった中島先生の業績とキャリアはこの厳しい指摘をとても重いものにしているといえます。

　その上で，チームとしての学校園組織の課題を考えてみましょう。第5章のロジスティック回帰分析のまとめでもふれましたが，重回帰分析や相関係数で検討されるように大多数の教師・保育者は職場のチームに関する諸要素はあまり強く意識をしていません。が，精神科医の記録をまとめたり，ストレスリスクが高い教師をピックアップして考えてみれば学校園組織のチームの不備がかなり意識されているという話です。これは言い方をかえれば，ストレスで追いつめられた後の教師は"職場のチームとしての不備を恨みやすい"ということもできますし，健康破壊力の大きい児童生徒に関わるストレスが生じた際にはじめてチームの不備が表面化すると指摘することもできます。"鼓腹撃壌"という喩えもありますが，学校園のチームづくりというのは空気といっしょで"あって当たり前"になりやすいが，"ないとあっという間に恐ろしいことになる"ものなのだともいえます。

　また，精神疾患になった際の病休が本人にも周囲にも負荷が高いものであるにもかかわらず，そこが語られていない，改善方法が議論されていないところも学校組織のチームとして対応すべき課題なのだと示唆されています。この問題のチームでの対応の方法論があまりよくわかっていません。このあたり，個人に関わる重くて辛い課題なのだと思いますが，病休から無事に復帰された先生や復帰を支えられてこられた先生は是非ともご自身の体験であり提言を公的に発表していただければ，今後の精神疾患による病休を支える仕組みづくりにつなげていくことができます。

（2）小中学校教諭以外の教師たちのストレスとキャリアと可能性
　　　―第2部まとめ―
　ア）保育者のストレスと身体負荷，雇用安定性の課題　　第3章では保育者を論じましたが，分析対象はあくまで公立幼稚園教諭と園長を主としています。その中で小学校と中学校，高校の教諭と管理職との比較を行っています。心理

的な負荷の文脈でみた場合は公立幼稚園の管理職が他の学校の管理職と比べて大変であることが理解できると思います。幼稚園という学校組織は一般的にその他の学校と比べれば小規模といえますが，他の学校においても公立幼稚園なみの小規模校（特にへき地の学校）であれば校長においても同様の大変さがあるのかもしれません。

　ところで，分析結果以外の留意点もあります。公立幼稚園と比べて私立幼稚園の教諭は雇用の安定性や給与が低く30代前半までにいったん離職する傾向が高いことなどです（高木・川上，2013）。これは公立保育園と私立保育園との関係もほぼ同様ですし，無認可保育園をはじめとしたその他の保育施設においては公刊統計すら不充分である状況を押さえる必要があります。ここで取り上げた公立幼稚園教諭は保育者の中で特に給与や雇用の安定性とその専門性の発揮において恵まれた保育者の一群であることを指摘しておきたいと思います。なお，公立園園長と異なり私立園園長は法人（設置者）経営陣の中に属するケースが多いので，ここでみた園長勤務の大変さはまた別の性格（具体的には中小企業経営者や自営業者の苦悩）があるといえるでしょう。第１章の研究の中でも私立学校の教師の不安や苦労に関する先行研究は見当たりません。ここで指摘した私立園保育者の課題は私立学校の教師の課題なのかもしれません。

　このような指摘をすると私立学校園オーナー批判のように聞こえるかもしれませんが，公立学校を含めた公立組織は収益を全く考えなくても成立しますが，私立学校園はそうはいきません。収入に対して経費を差し引いて残った金額が利益ですが，施設の維持管理や立て直しのための利益余剰金を利益から積み立てる必要もあります。少子化の中で公立学校園とは全く異なる持続可能性において留意点のある私立学校園の分析が今後必要です。

　なによりもまず，"公立園の先生もこれだけ大変"という中で私立保育者の大変さや私立学校園の課題も慮ることで，学校園の協働の前提の一つが形作られると思います。

イ）教育行政勤務教師のストレス研究　　第４章では人事異動で教育行政や学校以外の教育施設勤務をすることになった教師のストレスを分析しました。

指導主事などと異なり"教育行政勤務教師"というとあまり使われない表現ですが、教頭から教育行政に異動になったような管理職としての教育行政勤務者や教育長まで回答者に含まれます。あくまで、教師として採用になった中で人事異動で学校以外に勤めている教師の総称としてこの表現を用いました。まずは教職を志し、ミドルリーダーと評価されるまで児童生徒のことを考えて生きてきた人にとって教育行政への人事異動は相応の苦難である点を指摘しておきたいと思います。

　さて、ここでの独特な結果は"キャリアへの適応力が高い"のに"職への不適応感が強い"ということ、また"バーンアウトなどリスクが高い"ということです。そもそも、人事異動でエースクラスの教師が教育行政に異動になるということは、"出世コースである"というよりは"そういう教師じゃないと務まらない"というような不適応を起こしやすい学校とは異質な職場であると理解したほうがいいのだと思います。それでいて、学校園の間の連携という地域の学校間をチーム化する課題である"コーディネートの負担"を担う立場でもあります。第1章でみた範囲では教育行政勤務教師のストレスやキャリア展望に関する先行研究は全くありません。筆者の関わる地域では"教職のロスジェネ"（1990年代教員採用数極少期に新卒であった教職世代）と呼ばれるように現在30代後半から40代の教師は、そもそも人数がごくごく少なく、"ミドルリーダーの枯渇"が起きています。そのため、従来にはない高齢の指導主事や従来にはない若手の指導主事を異動させてなんとかやりくりしていると聞いています。日本の各地で似た現象は起きているでしょう。普通のキャリアコースとして教育行政の人事異動を捉えなおすことも地域の学校園をチーム化する上では重要なのかもしれません。また、平成28年度から推進しつつある地域学校協働本部のような学校園と地域をつなげ、支える立場の意義は増しつつあるようです。いずれにせよ、教育行政勤務教員の研究を増やしていくことが有益な対策の一つです。

ウ）ワークライフバランスをめぐるチーム協働の課題　　第4章の教育行政勤務教員をめぐる議論の中でワークライフバランスを議論しました。データで分析できる範囲は"なぜか教育行政勤務教員は私生活の負荷がひどく低い"で

したが，ここから推測的議論で"私生活のストレスがないことが果たしていいことなのか？"という議論を行いました。逆にいえば育児やワークライフバランスの調整にストレッサーを感じ離職すること自体がそのまま「不幸」とは言い切れないことも考えられます。女性労働者のワークライフバランスには，"仕事を中心に生きていくことに価値を感じる群"と"仕事を退いてでも育児を中心とした家庭での生活に人生の一時期を敢えて選択して投資したい群"，さらに"仕事と家庭のギリギリな両立を考える群"それぞれが存在するという点は聞き取り調査でよく教えていただくポイントです。様々な教育に貢献できる専門職種間での協働による「チーム学校」とともに，女性についてはこのような三種類のキャリア観を相互に尊重できるような「チーム」の在り方を考える必要があるといえるでしょう。また，個人的見解ですが，たとえストレスをため健康にある程度のリスクが生じても家族の一大事（看病や介護，見取りなど）はしっかり担っていきたいと思っています。そこから逃げては人生に悔い（認知的不協和とでもいいますでしょうか…）が残るように感じるからです。仮説的展望ですが私生活の一大事は健康阻害要因であるとともに人生のケジメのようなものとして幸福や充実に関わる大きな有意義な目的変数の原因であるように感じます。重要な点は，"私生活のストレスのちょうどいい負荷"が人によって異なるのではないかという点です。この点は線形で理解するストレスよりも非線形で語られる満足感や幸福感に近い感覚で今後議論することが有益なのかもしれません。

あわせて，今回のデータのもととなった高木・田中（2003）では個人的なストレスや負荷は職場環境の負荷によって調整される点を指摘したいと思います。育児や家事，介護・看病などといった私生活の負荷は職場環境の雰囲気であり学校園の中の職員室のチーム力みたいなものがあれば救われるし，なければ厳しさを増すものであることが示されています。保育・教育は大変であり重要な社会的な仕事ですが，同時に私生活をひどく阻害しないような温かさも職員室であり教育行政のチーム作りの配慮として必要であるといえます。もっとも，東日本大震災のような災害の際は自分の家族の安否不明のなかで学校園の先生は子供とともにあったわけであり，誠に遺憾ながら災害のような危機では"家族よりも仕事を"と言わざるを得ないのが保育・教育職です。チームにお

いて教育に向き合う厳しさと可能な範囲での温かさを区別しその気にさせる文化や風土があるようですが，ここにヒント以上のことを研究では指摘できないのが残念です。

エ）養護教諭のストレスと課題　　第5章では養護教諭のストレスを検討しました。まず，ほぼ100％が女性の職である点と，表5-1でみるように他の教諭とは全くことなる職務を担っている点などが特徴です。また，分析結果として教諭と異なり職場環境のストレスつまりチームとしての学校の不備がバーンアウトなどの健康阻害に直接つながる点です。そこから推測的解釈ですが"ほとんどの教師にとって仕事の主な舞台は教室・相手は子供"だが"養護教諭にとっては保健室だけでなく職員室など学校組織へのかかわりも主な舞台で，相手は子供と教職員"なのではないかと議論を行いました。聞き取り調査で時々伺うのは，例えば小学校の先生は職員室の雰囲気が悪いと仕事のほとんどを児童が帰った後の教室でするというようなチームとの距離の置き方が可能だということです。一方で，養護教諭は来室児童生徒が学級からきている以上，職員室や他の教職員と必ず取らないといけない連絡・連携の職務が多く，関係性も大きいのだとも推測できます。これらは養護教諭以外にも一人職として，例えば，教務主任などの学級を持たない専従分掌や栄養教諭らにも当てはまる特性なのかもしれませんし，新規に学校教育法施行令で法定化されたスクールカウンセラーやスクールソーシャルワーカーでも同様の課題が存在する可能性があります。今後の学校園のチームを考える際の研究課題といえるでしょう。

（3）学校園のチームとしての在り方の提言

ア）学校園内のチームと学校園間のチーム　　"チーム学校園"と題しましたがチーム学校園には2つの別々の意味があります。学校園内のチームと，各学校園をつなぐチームです。前者は共同や協同（コーポレーション）であり，後者は協働（コラボレーション）の字があてられます。

　1つ目，学校園内のチームの課題を考えましょう。本書の第2部での数量のデータ分析では職場環境ストレッサーを見てきました。つまり，限界という視点から考えていく本書の性格上，学校園内のチームに不備があるといかにリス

クが上がるかを議論しました。その上で，学校園内のチームづくりは"人体における生活習慣病予防"のような間接的ながら影響力ある教師・保育者の活躍にリスクのある要素であることを議論しました。逆にいえば学校園内のチームがしっかりしていれば活躍や健康リスク予防に長期効果がありますが，"有難さ"が空気のように気づきにくい性質でもあります。学校園の先生の悩みの種は主に保育・教育の課題として子供やときに保護者にあることが多いのでしょうが，このような足元の配慮は時々，意識して考えてみないと忘れてしまいがちなことなのかもしれません。一方で第5章でみたように管理職や養護教諭にとっての職務は学校園内の"チームとしての交通整理役"（コーディネート）も意識されているようです。それゆえに管理職や養護教諭は職場環境のストレッサーが直接，バーンアウトなど健康阻害につながる部分も存在しました。

　2つ目，学校園をつなぐチームを考えてみたいと思います。同じ地域の学校園を同時に調査し，その相互作用のメカニズムを数量的に検討したわけではありませんが，本書は趣旨として"それぞれの先生がそれぞれの立場で大変"と理解していただくことを目的の一つに置きました。そのうえで，養護教諭の議論の中で一人職が日常的な職務の背景となる環境として地域の養護教諭間ネットワークを支援の源として意識しているとの仮説的議論を行いました。多くの教諭が職員室をチームや背景としているように，管理職や養護教諭といった一人職に地域のそれぞれの学校園の連携の軸として活躍していただく余地があるように考えることができます。また，「はじめに」で触れたように人口減少や過疎化は一貫校園や併設校園という形での学校園施設自体の再編成である実質的な統廃合が促されると想像できます。今後は"運動会が寂しいから学校園合同になった"や"中学校の重要な部活動である野球部とサッカー部と吹奏楽部が維持できなくなったから社会教育として部活動を再編成した"というような事態が増えると思います。こういう幼・小・中・高といった子供の年齢にあわせた縦のつながりと，地域ごとの"お隣"と支えあう横のつながりはとても自然なことで，かえってメリットも多数期待できる変化ともいえます。人口減少となっても一人当たりの豊かささえ確保すれば次世代と次世代を支える学校はなんとかなるもののようです。

　これらの外とのチームづくりには教育行政の活躍・貢献を期待したいと思い

ます。もっとも，本書で過酷な勤務実態のお話をした教育行政勤務の先生にも限界点（ミドルリーダーの枯渇による若齢化・高齢化，ストレスによるリスクの高さ，適応が大変な職務への従事など）がありますので，教育行政内のチームの在り方も考える必要があります。例えば，スクールカウンセラーであったりスクールソーシャルワーカー，教育事務専門職など教師以外の専門性の高い教職員を学校園という前線ではなく行政に位置付けることで，その専門性を教育実践・単位学校経営レベルだけでなく教育行政・地域教育経営レベルに活かすことができるのかもしれません。養護教諭での議論で"職場環境のストレッサー"という職員室の問題は他の教諭にとっては"後方の問題であるが養護教諭においては職務自体の内容に近い前線の問題"ではないかと議論しました。つまりチームとは仕事をする上での安心できる支援源としての後方と位置付けることも可能です。であれば，学校園内のチームや学校園間のチームづくりを職務として担う教育行政からすれば，別途，温かい支援の源となる後方組織であるチームを形作ることが必要です。養護教諭や管理職等の学校一人職には一人職団体があります。また組合や学会の位置づけを再評価してもいいのかもしれません。教育行政の中であったり一人職のネットワークに関する研究とこれらをチームといえるものにしていく改善余地の提言が有益であるといえます。

　イ）地域社会との協働　本書の議論や分析対象からは外れますが，地域社会という要素も以上で議論した後方としての温かい支援源になりうる要素があります。一方で21世紀の教育改革のテーマの一つが"開かれた学校園"であったように，また災害の際に学校園が避難所として地域をも支える対象とするように地域社会は学校園が職務の対象とする客体でもあります。近年，学校をめぐる社会関係資本研究が蓄積されつつあります（例えば露口，2016a；2016b）。社会関係資本とはソーシャルキャピタルの訳であり，人間関係の様々な形のなかに資産が蓄積されているという考え方です。この理論の面白いところは資産ですので貯蓄だけでなく負債も想定しているところです。つまり，学校園と学区という極めて複雑な人間関係が前提となっているそれぞれには有益な"絆"が存在するとともに，リスクのある"因縁"や"避けたいことがらに絆されて巻き込まれるしがらみ"などがあるわけです。保育・教育に有益な地

域をいかに構築するかについては別稿や他の書籍に譲りますが，ここでは先ほど議論した職務対象となる"前線"という概念とチーム作りが可能で支援源が期待できる"後方"という概念で地域を整理する視点を提案いたします。例えば，隣の学校園であったり図書館や警察，病院といった協働しチームとなれる存在と一緒に"後方"を作る視点です。得てして学校間連携というときに忙しさや苦しさから仕事や厄介ごとを押し付けあうイメージもあります。これを避けるには社会関係資本の基本的な3原則，"信頼感"と"互恵性"，"連帯感"が持てる範囲の者どうしがつながる，またこの3つを強化しあうということだといえます。社会関係資本の話を学校園の先生方にする際に，よく聞くポイントが，"信頼感とは少なくとも裏切らないこと"で"互恵性とは多少の面倒ごとに巻き込まれても「お互い様」として我慢しあうこと"，"連帯感とは「沈むときは一緒に沈んでしまう」という運命共同体意識"がもっともしっくりときていただけるそうです。『27年教育や地方創世答申』が示す地域学校協働本部や今後の人口減少の中での地方の支えあいは，かえって歴史的な学校園にとっての支援源が期待できる"後方"でありチームづくりの追い風とも捉えることができます。

ウ）ストレス以外の変数への着目　本章冒頭でお示ししましたように保育者・教師のストレス研究は大きな変革点を迎えています。労働安全衛生法ストレスチェックの導入は保育者・教師のストレスを研究レベルの課題から学校園の現場でマネジメントするという実践レベルの課題に変化を促しつつあります。また，「ストレス研究が病気の議論にとどまり健康や充実を議論してこなかった」という批判はもっともです。いずれも誠に結構なことです。ポジティブ心理学の知見（例えばSeligman, M. E. P., 2011）が指摘するように，ストレスなど不健康規定要因の除去だけでは健康や幸福，充実の議論は不充分であり，全く別の原因や介入方法として健康や幸福，充実を目的とした検討を行う必要があるとされます。また，何より筆者は平成20（2008）年から教員免許更新講習などで現場の保育者・教師にストレスの話をさせて頂いていますが，先生方からすれば勉強にはなるのでしょうが，どうもストレスの原因となっているだけのようです。何より，ストレスの調査やストレスの議論を行うことが現場

の教師・保育者の先生にとって,これからの保育・教育へ前向きな気持ちをかえって暗くしてしまうようなところがあります。

　限界や課題点を考えるために本書ではストレスから議論を展開しました。ですが,これはこれで注意点として踏まえた上で現場の教師・保育者にはもっと夢や希望や未来の展望になる調査や議論を示したほうがいいのではないかと思います。具体的にはキャリアや幸福,社会関係資本などポジティブ心理学として扱われるような明るく前向きになれる概念に強く期待をしています。どう転んでも,人は老いる,病む,死ぬという生きる苦しみを抱えて生きていかないといけないわけですので,ストレスという限界よりもむしろ,新しくできることを考えていくことが生産的だと思います。もっともこれは保育・教職における個人の気の持ちようの問題であり,保育者自身や教諭にとっての話であります。管理職や教育行政といったチームづくりや環境整備,コーディネートをする立場には,薄暗い気持ちになってもストレスという限界を考え予防と対応をつづける必要がある,そんな大変な立場であるということも指摘させてください。そのような役割の違いを相互理解することがチームづくりの基本の一つなのだと思います。

おわりに

　近代文学の研究者（以下，「文学者様」）と以前親しくお話をさせて頂いていたことがありました。私は漫画・劇画やアニメ，映画，特撮，テレビドラマと戦後日本史とサブカルチャーが大好きです。それらを紹介して文学者様も相応に楽しんでご覧になったようです。しかし，その文学者様のサブカルチャーに対するスノッブな態度がずっと鼻についておりました。「あんなのは文化じゃない」であったり，「大衆的だ」であったり，「文学とはもっと気品の高いもので，高木先生の指摘は私だから聞き流すが…（要は大衆的なサブカルチャーは「下品である」とのこと…）」であったり…と。気を許してだったのだと思いますが，そんな話を延々と拝聴した記憶があります。「あなたの紹介で私の本棚に変なものが増えた」それはそれである種の褒め言葉だったのでしょうが，その辺のマウンティングに私は耐えかねて言い返しました。「沢山の人が楽しんで生きる支えにもなっているものに，その言い方はないだろう。そんな鼻持ちならないエリート意識でマウンティングを仕掛けるから，文学なるものが寂れて人気が無くなって，ただの文学史研究になってしまったのではないか」概ねそんな反論をいたしました。そういった私への再反論が「文学はそんなもの。私は今では振る者もいないものを大切にする研究者なのだ」と，とても自己実現をなさった風にお答えになりました。滅び行く業界と心中するような感覚は少し美しくも感じました。しかし，私にはその強さは『オズの魔法使い』のブリキの木こりさんの苦悩となった何か大きな，それでいて身近に陥りやすい欠落であるようにも思えます。

　心理学や経営学にスノッブ効果というものがあります（『選択の科学』文春文庫などが解説が詳しくわかりやすい）。多くの人が持つものの所有は満足感を棄損する場合があり，他の人があまりもっていないものを持つ（あわせて多くの場合これを見せびらかす）ことに満足と欲求充足を感じる，そんな心理です。ただ，この心理は「スノッブ」つまり「鼻もちならないエリート意識」の

ようなものを纏うことが多く，同一集団内の結束と他の集団との対立を生む傾向もあります。恩師との編著『教師のメンタルヘルスとキャリア』（ナカニシヤ出版）で戦後教育史の学歴・学校歴意識にはこれと同種の自己実現欲求があり，その欲求がマウンティングにつながり，大学紛争・高校紛争ついで生徒指導問題という若者の暴力につながったという論旨を展開しました。自己実現は良くも悪くも自身の欲求に過ぎません。スノッブで冷たく厳しい一方的で手っ取り早い自己実現の追求はある種の暴力性と排他性そして内部には付和雷同での表面的な結束感をもたらすと思います。スノッブ効果の対象は自分の学歴や学校歴（出身校名などのブランド），所属組織，持ち物，専門領域，趣味・趣向などに欲求が頭をもたげるものだと思います。20世紀は学校園の先生にすら今から見ると乱暴であることを許したような時代でありました。例えば，国の政策や「組合VS行政」の闘争，隣接校園の教育の不充分さなどを嘆いてみせれば自分の立ち位置の確認と外の敵を仮想的に作ることでの内側の結束のようなもの，そして自分が偉くなったような多少の自己満足を得られました。以前はそんな娯楽で幸せに生きていける時代でもありました。しかし，世間の知性と情報の流れは劇的にレベルを上げています。高齢化・過疎化と人口減少・労働生産人口減少のこれからの時代，スノッブな対立で内の結束を得ても自分の所属する組織のインフラ維持はできませんし，かえって外部組織との協働が難しくなります。そして何よりそんな小さな自己実現の追究は孤立のきっかけになるだけなのではないかと思います。先の文学者様のように寂れ忘れられていく過去の文学と精神的に心中するような滅びの美学の中で幸せに生きていける人はもはや一握りです。普通の人にスノッブは危険な無理な自己実現といえるでしょう。

　本書は学校園の先生に別の役割，立場の教職員が「自分とは違うけど，それぞれ大変なんだ」ということをお伝えすることをまず意図しました。これからの学校園は「管理職　VS　教員」や「教育行政　VS　組合」，「男性　VS　女性」，「小１プロブレムの責任は保幼園か小学校か」，「中１ギャップの…」なんて簡単な対立軸で自己実現をはかっては危険な時代になると思います。「それぞれの立場がそれぞれの独特の性質をもって大変」そこから生まれる理解と敬意がまずは組織内の他の役割の教職員との協働と学校園を超えた地域学校園の

協働の第一歩ではないかと思います。人間は他者のことを「完全にわかる」ことはできません。しかし，スノッブが危険な現代，「わからない。でも，他者を理解しよう，敬意を払おう」と努め，その上で自分の立場から責任をもって建設的と信じる発言や協働・連携をはかっていく必要のある時代になったといえます。相互理解と敬意と思いやりがあれば「チーム学校園」や「学校園連携」などは乗り越えられていくものだとも思います。

　平成31年4月をもって今上陛下がご退位あそばされ，平成の年号も次の年号へと変わってしまいます。平成の御世が過ぎ去るだけでなく，自分の育った昭和時代が一段と遠くなり寂しさを感じます。また，平成28年度より労働安全衛生法改正によるストレスチェックが事業者実施義務となり，バラエティを極めた心理学系の教師ストレス研究の独自尺度作成の時代も終わりを迎えました。本書のレビューとデータが賞味期限切れを起こす（起こした？）ギリギリの時期に本書をまとめることができました。昭和と平成とストレス研究の時代を生きてきた者としては寂しい限りですが，「ストレス研究の時代」は「実際にストレスを改善する時代」になり学校園内外が支え合うことを見通しに入れた時代になりました。幸福や健康，充実といったものを探るポジティブ心理学が"対人関係にこそ資本が宿る"という社会関係資本の重要性を指摘しています。内にこもるよりもつながりの中で様々な資本形成と幸福追求を行う時代といえます。研究も研究者もスノッブさを捨てて実践と現実を改善する性質のものになりつつあります。若い研究者も教職員も教職志望学生も私の時代より真面目で有能で（もう少し羽目を外さないと息苦しいような気がしますが，それは私が野蛮に過ぎるからでしょう），他者理解と敬意に積極的です。これからの学校園は必ずよくなります。それに少し追いつけなくなった筆者は羨ましくも頼もしいと感じております。

　最後になりましたが，本書は平成27年申請の平成28年度日本学術振興会科学研究費補助金研究成果公開促進費学術図書助成申請が不採択となり，ありがたいことにも平成28年4月に就実大学就実短期大学出版助成申請をご許可いただいたことで公刊できました。その後，平成28年度は色々と動きが取れないことが多発し，出版社のナカニシヤ出版と編集の山本あかねさんに多大なご迷惑をおかけしつつ，平成29年11月初旬になんとか原稿をお納めした状況で

す。ひどく難航した本書完成まで支えてくださった皆様に多大な感謝とおかけしたご迷惑へのお詫びさせていただきます。

　ありがとうございました。

　申し訳ありませんでした。

　またよろしくお願いします。

引用文献・参考文献

相川勝代 1998「養護教諭の役割とストレス第一報」『長崎大学教育学部紀要教育科学』54, pp.17-25.

相川勝代 1999「養護教諭の役割とストレス第Ⅱ報」『長崎大学教育学部紀要教育科学』56, pp.1-9.

荒川千秋 2011「女性看護師の離職に関連する要因」『日本看護研究学会雑誌』34(1), pp.85-93.

荒川千秋・叶谷由佳・佐藤千史 2010「交代制勤務をしている病院勤務看護師のインシデント・アクシデントに影響する要因」『日本看護管理学会誌』14(1), pp.42-50.

荒木紀幸・小原政秀 1990「教師ストレスに関する基礎研究」『学校教育学研究』2, pp.1-19.

有村信子 2002「養護教諭の複数配置やスクールカウンセラーが養護教諭の執務に与える影響（Ⅰ）」『鹿児島純心女子短期大学研究紀要』32, pp.1-13.

有村信子 2003「養護教諭の複数配置やスクールカウンセラーが養護教諭の執務に与える影響（Ⅱ）」『鹿児島純心女子短期大学研究紀要』33, pp.19-29.

Cherniss, C. 1980 *Professional burnout in human service organization.* New York: Pureger.

遠藤覚 2003「教職員のメンタルヘルスのために」『月刊生徒指導』33(12), pp.74-85.

江澤和夫 2013「教職員のメンタルヘルスの現状と課題」『レファレンス』63(1), pp.5-28.

藤田英典・油布佐和子・酒井朗・秋葉昌樹 1996「教師の仕事と教師文化に関するエスノグラフィー」『東京大学大学院教育学研究科紀要』35, pp.29-66.

藤原文雄 2012『学校事務職員という仕事・生き方—キャリア・ステージごとの悩み、学び、成長—』学事出版

藤原文雄・岩見良憲編著 2013『特別支援学校教員という仕事・生き方—20人のライフヒストリーから学ぶ—』学事出版

藤原忠雄・古市裕一・松岡洋一 2009「教師のストレスに関する探索的研究—性、年代、校種における差異の検討」『教育実践学論集』10, pp.45-56.

福水保郎 1994「教職員のメンタルヘルス—その現状と対策・警告をかねて—」『心と社会』75, pp.56-65.

後藤靖宏・田中妙 2001「女性教師のストレス」『大分大学教育福祉科学部研究紀要』22, pp.127-135.

原田唯司 2003「学校教育相談の現状と今後の検討課題—養護教諭を対象とする意識調査から」『静岡大学教育学部研究報告（人文・社会科学編）』54, pp.297-311.

秦政春 1991「教師のストレス」『福岡教育大学紀要』40, pp.79-146.

秦政春 2003「苦悩する教師」『月刊生徒指導（2003年12月号）』学事書房，pp.14-18.
秦政春 1998「疲れもった教師たち」『教育と医学』46（9），pp.729-737.
秦政春・鳥越ゆい子 2003「現代教師の日常性（Ⅱ）」『大阪大学教育学部年報』8，pp.135-167.
波多江俊介・川上泰彦 2013「人口減少社会における教育経営課題とその研究動向」『日本教育経営学会紀要』55，pp.196-205.
波多江俊介・川上泰彦 2014「人口減少社会における日本の教育経営課題」『日本教育経営学会紀要』56，pp.158-163.
波多江俊介・川上泰彦・高木亮 2013「教員の異動に伴うメンタルヘルスに関する調査研究」『九州教育経営研究紀要』19，pp.67-74.
波多江俊介・高木亮 2013「教師の精神疾患による病気休職についての関連要因の探究」『九州教育経営研究紀要』19，pp.75-81.
早坂幸子 2001「養護教諭の職務認識による行動の類型化」『日本養護教諭教育学会誌』4-1，pp.69-77.
廣瀬春次・有村信子 1999「養護教諭の精神的健康に及ぼす職場ストレスの影響」『学校保健研究』41，pp.74-82.
池上三郎 1994「教員の「多忙感」に関する一考察」『現代学校経営研究』1，pp.57-65.
石堂豊 1973『教師の疲労とモラール』黎明出版
石原昌江・小野千衣子・中筋雅子 1988「養護教諭の職務に関する研究（第7報）」『岡山大学教育学部研究集録』75，pp.68-76.
伊藤美奈子 2000「教師のバーンアウトを規定する諸要因に関する探索的研究」『教育心理学研究』46，pp.12-20.
伊藤美奈子 2003「保健室登校の実態把握ならびに養護教諭の悩みと意識―スクールカウンセラーとの協働に注目して―」『教育心理学研究』51，pp.251-260.
金子さゆり・濃沼信夫・伊藤道哉 2008「病棟勤務看護師の勤務状況とエラー・ニアミスのリスク要因」『日本看護管理学会誌』12（1），pp.5-15.
春日武彦 2007「教師が心を病んだとき，教師のストレス対処ハンドブック」『児童心理臨時増刊号』861，pp.169-174.
加藤誠 1975「教師の精神障害」『心と社会』6（2），pp.179-181.
川上泰彦・妹尾渉・波多江俊介・高木亮・澤野幸司 2013「異動や職場環境は教職キャリアにどう影響するか？」（日本教育行政学会第48回大会発表資料）
河村茂雄・田上不二夫 1997「教師の教育実践に関するビリーフの強迫性と児童のスクールモラールとの関係」『教育心理学研究』45（2），pp.213-219.
菊地史彦 2013『「幸せ」の戦後史』トランスビュー
菊地史彦 2015『「若者」の時代』トランスビュー
小林宏 1994「うつ状態で休職している教師について」『精神医学』36（3），pp.297-300.
小泉智恵・馬場安希・山本真理子・菅原ますみ 1998「家族関係と子どもの発達（6）：父母の仕事から過程へのスピルオーバーが子どもの抑うつに及ぼす影響」『日本心理学

会第62回大会発表抄録集』（ポスター発表本体および同配布資料）
近藤雄二・佐藤邦彦・乾修然・徳永力雄 1979「保母の労働と健康障害（その4）」『産業医学』21-6，p.690．
久保千恵子 2009「養護教諭への役割期待に関する研究―テレビドラマにおける養護教諭の表象に注目して―」『東北大学大学院教育学研究科研究年報』57-2，pp.29-47．
久冨善之 1997「教師のバーンアウト（燃え尽き）と「自己犠牲」的教師像の今日的転換―日本の教員文化・その実証的研究（5）―」『一橋大学研究年報 社会学研究』34，pp.3-42．
越河六郎・吉竹博・飯田久仁子 1976「保育所保母の作業と労働負担Ⅰ」『労働科学』52-4，pp.203-218．
丸谷真智子・久場川哲二 1987「教師と精神障害」『家族と学校の精神障害』18，pp.196-203．
益田勉 2000「キャリアアダプタビリティと組織内キャリア発達」立教大学人間科学部編『人間科学研究』30，pp.67-78．
益田勉 2010「キャリアアダプタビリティと転職の意志」立教大学生活科学研究所編『生活科学研究』32，pp.13-25．
光岡摂子 1980「保育所保母の健康問題 第三報」『宇部短期大学学術報告書』16，pp.77-78．
光岡摂子・水田和江 1978「保育者の健康問題」『宇部短期大学学術報告書』14，pp.195-204．
光岡摂子・水田和江 1979「保育者の健康問題 第二報」『宇部短期大学学術報告書』15，pp.83-93．
宮下敏恵 2010「保育士におけるバーンアウト傾向に及ぼす要因の検討」『上越教育大学紀要』29，pp.177-186．
水本徳明 2010「教職員の健康・学校組織の健康」『日本教育経営学会紀要』52，pp.138-142．
宗像恒次編著 1988『燃え尽き症候群』多賀出版
中島一憲 1994「教師の精神障害」『現代のエスプリ』323，pp.73-84．
中島一憲 1995「教師の精神障害」『臨床精神医学』24（11），pp.1433-1438．
中島一憲 1996「教師のストレスとメンタルヘルス」児玉隆治・高塚雄介編『学校メンタルヘルス実践事典』日本図書センター，pp.695-704．
中島一憲 1997『こころの休み時間―教師自身のメンタルヘルス―』学事出版
中島一憲 1998a「教師の「登校拒否」はなぜ増えているのか」『児童心理』53（18），pp.118-123．
中島一憲 1998b「教師の心の病から」『学校メンタルヘルス』1，pp.47-50．
中島一憲 2000a『教師のストレス総チェック』ぎょうせい
中島一憲 2000b「教師の不安を語る」『学校メンタルヘルス』3，pp.46-47．
中島一憲 2000c「先生のストレス―教師のストレスとその対処法―」『教育と情報』503，pp.14-19．

中島一憲 2001『教師と子どものメンタルヘルス―診察室からみた社会と教育―』東山書房
中島一憲 2002「こころの光と影」『学校メンタルヘルス』5，pp.7-14.
中島一憲 2003『先生が壊れていく』弘文堂
中島一憲 2004a「教師のストレスと精神保健」『こころと社会』115，pp.98-104.
中島一憲 2004b「教師のメンタルヘルス―現状とその課題―」『保健の科学』46（10），pp.721-725.
中島一憲 2004c「失われた「聖職」を求めて」『学校メンタルヘルス』7，pp.4-5.
中島一憲 2005a「教師のメンタルヘルス―最新データによる臨床的検討―」『学校メンタルヘルス』8，pp.35-41.
中島一憲 2005b「精神性疾患の早期発見・対応と支援」『教職研修』393，pp.72-75.
中島一憲 2006a「教師のうつ―臨床統計からみた現状と課題―」『発達』106，pp.2-10.
中島一憲 2006b『教師のメンタルヘルスQ&A』ぎょうせい
中島一憲 2007「教育講演 教師のメンタルヘルスをどう支えるか」『学校メンタルヘルス』10，pp.21-33.
中西三春 2004「養護教諭の職業性ストレスと精神的健康」『学校メンタルヘルス』7，pp.25-34.
落合美貴子 2003「教師のバーンアウトのメカニズム－ある公立中学校職員室のエスノグラフィー－」『コミュニティ心理学研究』6-2，pp.72-89.
落合美貴子 2004「教師のバーンアウトのダイナミズム－解釈的アプローチと生態学的視座によるバーンアウトモデルの構築－」『人間性心理学研究』22-2，pp.1-12.
岡東壽隆・鈴木邦治 1996『教師の勤務構造とメンタル・ヘルス』多賀書房
大阪教育文化センター教師の多忙化調査研究会編 1996『教師の多忙化とバーンアウト』京都・法政出版
斉藤浩一 1994「教師と生徒の人間関係に関する民族誌学的研究」『カウンセリング研究』27（2），pp.49-59.
斉藤浩一 1996「中学校教師の心理的ストレス反応の特性とストレッサーからの影響」『高知大学教育学部研究報告』58（1），pp.43-52.
榊原禎宏 2009「『健康な学校』と学校論のリデザイン」『京都教育大学紀要』115，pp.159-168.
Seligman, M. E. P, 2011 *Flouvish*. Ink, wellmanegement（マーチンセリグマン著，宇野カオリ訳（2014）『ポジティブ心理学の挑戦』ディスカヴァー・トゥエンティワン）
杉村直美 2004「養護教諭という職」『名古屋大学大学院教育発達科学研究科紀要』51-1，pp.75-86.
杉田郁代 2014「女性教員のワークライフバランスとメンタルヘルスについて」(日本教育経営学会第54回大会発表資料)
Super, D. E., Thompson, A. S., & Linderman, R. H. 1988 *Adult Career Concerns Inventory*. Palo Alto, CA: Consultant Psychological Press.
諏訪きぬ 2007「保育の長時間化と保育の課題」『発達』111，pp.62-69.

諏訪きぬ・村上祐一・逆井直紀 2008「保育者のやり甲斐を支える園内の諸条件」『発達』114，pp.34-42．

鈴木邦治 1993「教師の勤務構造とストレッサー」『日本教育経営学会紀要』35，pp.69-82．

鈴木邦治・別惣淳二・岡東壽隆 1994「学校経営と養護教諭の職務（Ⅱ）―養護教諭の役割と「位置」の認知を中心として―」『広島大学教育学部紀要　第一部』43，pp.153-163．

鈴木邦治・別惣淳二・岡東壽隆・湯藤定宗 1994「学校経営と養護教諭の職務（Ⅲ）―養成課程および学校段階との関連を中心に―」『中国四国教育学会　教育学研究紀要』40-1，pp.318-327．

鈴木邦治・池田有紀・河口陽子 1999「学校経営と養護教諭の職務（Ⅳ）―養護教諭のキャリアと職務意識―」『福岡教育大学紀要』48-4，pp.23-40．

田上不二夫・山本純子・田中輝美 2003「教師のメンタルヘルスに関する研究とその課題」『教育心理学年報』43，pp.135-144．

高木亮 2001「教師の職務ストレッサーからみた学校改善に関する研究」『日本教育経営学会紀要』43，pp.66-78．

高木亮 2003「教師の職業ストレス過程に関する比較研究」『日本教育経営学会紀要』45，pp.50-62．

高木亮 2011「教師ストレスの治療と予防・開発の課題」配布資料　日本健康心理学会第24回大会研究推進委員会・国際委員会共同企画シンポジウム「教師のメンタルヘルスに関する健康心理学的研究の動向」（企画者　清水安夫）

高木亮 2011「教師の精神衛生・メンタルヘルスをめぐる学校経営および教育行政の課題と展望」『九州教育経営学会紀要』17，pp.63-70．

高木亮 2014「教育行政勤務教員のストレスに関する研究」『九州教育経営学会紀要』20，pp.15-23．

高木亮・北神正行編著 2016『教師のメンタルヘルスとキャリア』ナカニシヤ出版．

高木亮・波多江俊介 2014「保育者の教職キャリアに関する検討Ⅱ」『就実教育実践研究』7，pp.155-166．

高木亮・川上泰彦 2013「保育者の教職キャリアに関する検討」『佐賀大学文化教育学部研究論集』18，pp.45-60．

高木亮・田中宏二 2003「教師の職業ストレッサーに関する研究」『教育心理学研究』51-2，pp.165-174．

高木亮・田中宏二・淵上克義・北神正行 2006「教師の職業ストレスを抑制する方法の探索」『日本教育経営学会紀要』48，pp.100-114．

高橋桂子・浜岡真未・勝沼真恵 2009「新潟市内公立小中学校教員のモチベーション要因，ストレス要因とワーク・ライフ・コンフリクト」『新潟大学教育学部附属教育実践総合センター研究紀要』8，pp.49-60．

高旗正人・北神正行・平井安久 1992「教師の「多忙」に関する調査研究」『岡山大学教育学部付属教育実習センター教育実習研究年報』3，pp.1-29．

田中博一・徳永力雄 1974「保母の労働と健康」『労働科学』29-10，pp.18-25．
田尾雅夫 1991『組織の心理学』有斐閣
田尾雅夫・久保真人 1996『バーンアウトの理論と実際』誠信書房
都丸けい子 2011「養護教諭のストレッサーについての研究」『日本学校心理学会第13回大会発表抄録集』（ポスター発表本体および当日配布資料）
露口健司 2011「学校組織特性と教員のストレス」『教育と医学』695，pp.70-75．
露口健司 2012「学校管理職のバーンアウトプロセス」『九州教育経営学会紀要』9，pp.63-72．
露口健司 2014「マルチレベルモデルによる教員バーンアウトの決定要因分析―県立学校教員に焦点をあてて」『日本教育経営学会紀要』56，pp.82-97．
露口健司・高木亮 2011「学校管理職のバーンアウト・プロセス」『日本教育行政学会第46回大会発表要旨集録』（および当日配布資料）
露口健司・高木亮 2012「学校管理職のバーンアウトプロセス」『九州教育経営学会紀要』18，pp.63-72．
露口健司・高木亮 2014「マルチレベルモデルによる教員バーンアウトの決定要因分析」『日本教育経営学会紀要』56，pp.82-97．
露口健司編著 2016a『「つながり」を深め子どもの成長を促す教育学』ミネルヴァ書房
露口健司編著 2016b『ソーシャルキャピタルと教育』ミネルヴァ書房
渡辺三枝子・黒川雅之 2002「キャリアアダプタビリティ測定尺度の開発」『筑波大学心理学研究』24，pp.185-197．
渡邊里香・荒木田美香子・清水安子・鈴木純恵 2011「若手看護師における退職の予測因子の検討」『日本看護管理学会誌』15（1），pp.17-29．
山城真紀子・友利久子・大城一子・池田尚子・嘉数朝子 2004「沖縄県の保育者の職業ストレスと健康についての予備的研究」『琉球大学教育学部教育実践総合センター紀要』11，pp.9-16．
山城真紀子・上地亜矢子・嘉数朝子 2006「沖縄県の保育者の職業ストレスと健康についての研究（2）―公立保育所と認可保育園を対象に」『琉球大学教育学部紀要』69，pp.207-215．
山城真紀子・上地亜矢子・大城一子 2005「沖縄県の保育者の職業ストレスと健康についての研究（1）―認可保育園と認可外保育園を対象に」『琉球大学教育学部教育実践総合センター紀要』12，pp.79-87．
吉田和子 2004「教育現場の実態と教育行政の課題」『岐阜大学教育学部研究報告　教育実践研究』6，pp.1-16．
油布佐和子 1995「教師の多忙化の一考察」『福岡教育大学紀要』44（4），pp.197-210．
油布佐和子・洞沙織 2005「養護教諭の生活と意識（2）―15年の変容をたどる―」『福岡教育大学紀要』54-4，pp.41-55．

【付記】
　本書は就実大学・就実短期大学出版助成により公刊された書籍です。心から助成にお礼申し上げますとともに，平成28年度末公刊の予定が1年延期になりましたことをお詫び申し上げます。
　また，本書の内容をまとめるにあたり，科学研究費補助金基盤研究（B）（課題番号26285177）「教育政策がソーシャル・キャピタルに及ぼす影響に関する調査研究」の助成を受けています。

事項索引

あ
Well Being　52

か
キャリア適応力　60, 63-66, 74, 76-78, 81, 82, 86-91
教員文化　50
コーピング　3, 32, 35
個人的ストレッサー　62, 63-65, 74, 76-78, 80, 81, 86, 87, 89-93

さ
CiNii　4
GHQ（General Health Questionnaire）　8, 9, 14, 34, 95
指導主事ら　71-74, 76, 78-82, 88
ストレス　4
ストレスチェック　7, 8, 95, 96, 105, 109
ストレス反応　3, 7, 9-11, 15, 18, 20, 21, 23, 27, 29, 31, 46, 52, 74, 92
ストレッサー　3, 9-11, 13, 15, 21, 23, 25-27, 30, 31
ソーシャルサポート　3, 6, 11, 20, 30, 32-35, 37, 88, 89, 91, 95

は
バーンアウト尺度（BI）　7, 8, 10, 66, 69, 95
病気休暇　39, 51, 56
病気休職　39, 47, 51
保育者　iv, 1, 3, 4, 7, 15, 19, 20, 49-51, 54, 55, 57, 59, 65-68, 71, 82, 95, 97-99, 103, 105, 106

ま
マスラックバーンアウト尺度（MBI）　7, 8
メンタルヘルス　6, 8, 9, 12, 18, 24, 30, 34, 37, 38, 40, 42-44, 47, 49, 50, 52, 55, 59, 69, 81, 82, 96, 108

や
有給休暇　39
養護教諭　iii-v, 10, 15, 25-27, 55, 57, 60, 69, 71, 82-86, 88-91, 93, 94, 102-104

ら
リアリティショック（初任・実習ストレス）　29
労働安全衛生法　7, 8, 95, 109

わ
ワークライフバランス　v, 3, 30, 31, 57, 66, 69, 71, 80, 81, 95, 100, 101

人名索引

あ

相川勝代　4, 6, 26, 46, 83
相川充　15, 42
青木栄一　5, 6, 16, 44, 46
青木薫　14
赤岡玲子　15
明石要一　32, 38
赤田太郎　19, 20
赤嶺智郎　36
秋葉昌樹　16
浅沼茂　44
浅野房雄　46
東斉彰　36
足立由美子　41, 43
尼崎光洋　12, 14
網谷綾香　12
新井肇　21, 22, 32, 33, 41, 42, 44
荒木紀幸　16, 51
有村信子　26, 27, 83
安藤隆男　24
安藤知子　16
飯塚峻　16
飯塚由美　29, 30, 36
飯野祐樹　30
五十嵐守男　36
池上三郎　15, 16, 31, 74
池田純子　37
池田有紀　26, 27, 83
池田芳和　16
池本しおり　32
石井一平　39
石川正典　11, 13, 33
石川洋子　19, 20
石隈利紀　11, 14, 32, 34, 38

石堂豊　5, 10, 13, 36, 50
石原昌江　26, 27, 83
一門惠子　19, 20
伊藤佳代子　18, 38
伊藤美奈子　8, 11, 13, 15, 16, 19, 23, 26-28, 31, 36, 41, 42, 50, 74, 83
稲岡文昭　8
稲垣忠彦　15, 16
乾丈太　42
犬塚文雄　42
井上清子　19, 20
井上麻紀　9, 18
今津孝次郎　11, 13, 36
今林俊一　29, 30
岩井圭司　17, 28
岩田和彦　41
岩立京子　19, 20, 34, 37
植木尚之　35, 39
上畑鉄之丞　41
上村真生　19, 21, 33
鵜飼美昭　43
宇都慎一郎　29, 30
馬野博之　21, 22
浦田英範　46
江澤和夫　96
遠藤覚　39, 50
遠藤雅之　47
大石昴　37, 45
太田義隆　41
大西守　39, 41, 44
大野精一　29, 30
大野太郎　42
大平素子　37, 45
大藤惠子　23, 24

大前哲彦　18
大嶺和男　36
岡田謙　41, 43
岡田行弘　9, 18
岡東壽隆　5, 6, 10, 13, 15, 18, 25,
　　27, 37, 50, 74, 83
岡邊健　6
岡本聡一　34
岡安孝弘　11, 13
小川正人　4, 6
尾木和英　42
奥平貴代　48
落合美貴子　4, 6, 18, 32, 37, 51, 74
越智康詞　17, 29
小野千衣子　26, 27
小原政秀　16

か

貝川直子　33
嘉数朝子　19, 21
柿田恵子　8, 9
賈覓恒　14
笠井孝久　16
笠井未来　37
笠原芳隆　23, 24
柏瀬宏隆　40
春日武彦　40, 50
勝綾子　48
勝倉孝治　18
勝沼真恵　31, 32
加藤法子　17, 28-30
加藤誠　39, 40, 50
金子劭栄　11, 13
鎌田美恵子　41
神谷かつ江　9
神谷哲司　19, 20
神山栄治　35, 36
神山知子　15, 16
河上婦志子　14, 15, 17

川上泰彦　ii, 20, 21, 59, 66, 68, 69, 99
河口陽子　26, 27, 83
河嶋美穂　37
河野友信　9, 41
川野雅資　8
河村茂雄　13, 17, 27, 28, 41, 42, 51
河村夏代　17, 27, 28
菊地栄治　17
菊池史彦　i
北神正行　6, 14, 15, 17, 18
北城高広　12, 13
北原信子　8, 9, 36
木塚雅貴　47
木下敏子　39, 40
木村吾勝　47
桐山雅子　48
金城悟　20, 36, 42
金城毅　36
久冨善之　15-17, 27, 29, 50
國吉緑　48
久場川哲二　40, 50
久保千恵子　26, 27, 83
久保真人　8, 69
隈元みちる　37
黒川雅之　81, 82
煙山千尋　12, 14
小泉智恵　81
黄正国　24
Gold, A.　46
國分久子　46
國分康孝　17, 27, 28, 39, 40, 46
腰超滋　17
小島秀夫　8, 9, 21, 22, 24, 25, 36,
　　47
越河六郎　66
後藤靖宏　11, 12, 31, 32, 36, 74
後藤佑貴子　19
後藤容子　23, 24
小浜逸郎　44

小林宏　40
小林稔　29, 30
小林芳郎　9, 19, 39
小原政秀　51
小山徹　19, 20
近藤雄二　66

さ

斉藤浩一　11-15, 18, 37, 51
斎藤俊則　29, 30
酒井朗　16, 45
坂上頼子　45
榊原禎宏　46, 96
坂田真穂　14, 22, 24, 43
坂本孝徳　18
坂本美紀　37
坂本裕　19, 20
坂本洋子　46
佐古秀一　45
迫田裕子　34, 35, 37
佐々木弘記　37
佐々木誠　43
薩日内信一　24, 25
佐藤智恵　18-20, 29
佐藤俊子　41
佐藤春雄　18
佐藤広和　36
佐藤学　36
沢崎達夫　41, 43
沢崎俊之　41, 43
塩田有子　41, 43
篠原清昭　8, 9, 21, 22, 24, 25, 35-37, 47
志波利香　17, 29
清水井一　41, 43
清水安夫　12, 14, 34, 69
庄司一子　18, 35
白石大介　9, 18
白井利明　30, 37

Super, D. E.　81
菅佐和子　14, 22, 24, 43
菅千索　14, 22, 24, 43
菅眞佐子　14, 22, 24, 43
杉江修治　18
杉江征　18
杉澤あつ子　48
杉澤秀博　48
杉村直美　26, 27, 83
杉山隆一　20
杉若弘子　18, 38
鈴木邦治　5, 6, 10, 11, 13, 14, 25-27, 37, 50, 74, 79, 83
鈴木啓嗣　17, 28
鈴木眞雄　38
須田英明　38
砂川洋子　48
諏訪英広　18, 34, 38
関山徹　11, 14, 34
瀬名波栄啓　36
Seligman, M. E. P.　105
相馬誠一　44
園田雅代　41, 43
園屋高志　34
曽山和彦　34, 37, 41, 43
曽余田浩史　14

た

田尾雅夫　8, 69
高木亮　6, 14, 20, 21, 35, 39, 41, 43, 45, 47, 51, 59, 60, 66, 68, 69, 76, 78, 79, 81, 82, 84, 86, 88, 89, 99, 101
高階玲治　6, 16, 18, 19, 45
高田純　23, 24
高野あゆみ　18, 27, 29
高野良子　38
高橋桂子　31, 74
高橋徹　8

高旗正人	15, 18, 50		89, 96-98
田上不二夫	4, 7, 17, 27, 28, 42, 51	中筋雅子	26, 27
高良美樹	15, 18, 38	中田英雄	20, 36, 42
田川隆博	11, 13	長友真美	36, 38
田川元康	23, 24	中西三春	26, 27, 83
竹田眞理子	12, 14, 21, 22-24, 43	中西良文	37
田中敦士	23, 24, 48	中野明徳	11, 12, 33, 45, 48
田中和代	43	中村朋子	8, 9, 21, 22, 24, 25, 36, 47
田中宏二	14, 32, 34, 35, 37, 38, 43, 60, 69, 101	夏目誠	41
		七木田敦	18, 19-21, 29, 33
田中妙	11, 12, 31, 32, 33, 36, 74	西坂小百合	19, 20, 31, 34, 35, 37
田中輝美	7-9, 14, 18, 35, 36	西坂百合子	4, 6
田中博一	66	西松秀樹	37
田中陽子	36, 38	西村昭徳	11, 13, 34
谷口章子	16	西村絢子	18
谷口弘一	32, 35, 38	西村一生	35
田村修一	11, 14, 32, 34, 38	新田義明	36
丹藤進	35, 38	温水慎也	14
Cherniss, C.	53	根本橘夫	8, 9
塚本千秋	41	野口富美子	37
津田彰	46	野島正剛	29, 30, 34
露口健司	4, 7, 18, 25, 39, 43, 45, 82, 88, 104	野田哲郎	41
		信實洋介	24, 25
土井一博	27, 28	乗田育人	37
土居健郎	8		
洞沙織	26, 27, 83	**は**	
十枝修	48	長谷徹	44
徳永真知子	38	波多江俊介	ii, 21, 59
徳永力雄	66	秦政春	5, 6, 10-12, 16, 33, 36, 50, 55, 79
戸田有一	20		
飛田操	15, 18, 38	初澤敏生	45, 48
都丸けい子	18, 29, 30, 32, 35, 82	羽鳥健司	16, 27, 28
富家正德	38, 43	花谷隆志	41
鳥越ゆい子	36, 55	羽田紘一	44
		浜岡真未	31, 32
な		早坂幸子	26, 83
中岡千幸	24	林尚示	17
中釜洋子	41, 42	原岡一馬	36
中島一憲	1, 9, 17, 40, 48, 49-56,	原田唯司	26, 83

針田愛子　　　11, 13
比嘉理恵　　　48
久留一郎　　　46
飛田操　　　45
兵藤啓子　　　33, 42
平井安久　　　15, 18
平岡永子　　　8, 12, 33
平賀健太郎　　　17, 28, 29, 30
平沢信康　　　45
平田幹夫　　　29, 30
昼田源四郎　　　45, 48
廣瀬春次　　　26, 27, 83
深津孝子　　　9, 18
布川淑　　　21, 22
福水保郎　　　39, 50, 52
福本いく子　　　16, 22, 28
福本昌之　　　15, 18
藤井和子　　　24
藤井義久　　　12
藤生英行　　　34
藤崎眞知代　　　35, 38
藤田英典　　　15, 16, 79
藤田由美子　　　36, 38
藤原忠雄　　　12, 21, 22, 33, 36
藤原文雄　　　25
藤原正光　　　29, 30
淵上克義　　　14, 34, 35, 37, 43
古市裕一　　　12, 21, 22, 33
別惣淳二　　　14, 25, 27, 83
保坂亨　　　44, 47
細江達郎　　　43
堀井啓幸　　　16
本間恵美子　　　34, 37, 41, 43

ま

真栄城千夏子　　　48
前原武子　　　29, 30, 35, 36
前原葉子　　　23, 24
牧昌見　　　15, 17, 44

増田健太郎　　　23, 24, 29, 30, 40, 44
益田勉　　　81
増田美佳子　　　37
松井仁　　　37
松浦善満　　　11, 13
松尾一絵　　　12, 14, 34, 35
松岡洋一　　　12, 21, 22, 35, 37
松崎博文　　　45, 48
松下悦子　　　36
松田修　　　12, 13
松田惺　　　35, 38
松本剛　　　37
松本良夫　　　14, 15, 17
丸谷真智子　　　40, 50
三浦香苗　　　4, 6, 16, 34
三沢元彦　　　42
水上義行　　　37, 45
水田和江　　　66
水本徳明　　　17, 29, 44, 96
光岡摂子　　　66
三村隆男　　　42
宮下敏恵　　　13, 19, 20, 33, 36, 66
宮前淳子　　　38, 43
向笠章子　　　46
武藤清栄　　　5, 6, 40
宗像恒次　　　8, 9
村上慎一　　　29, 30
村上祐一　　　20
村中智彦　　　24
命婦恭子　　　46
望月厚志　　　5, 6
森慶輔　　　4, 6, 8, 9, 12, 13, 33
森浩平　　　23, 24
森部英生　　　40
森脇由梨子　　　12, 13
諸富祥彦　　　9, 18, 42

や

八尾坂修　　　39, 41

八木英二	5, 7, 9, 18, 46	山本晃	17, 28-30
谷島弘仁	8, 9	山本純子	7
安見克夫	20, 36, 42	山本岳	14, 22, 24, 43
柳瀬秀共	21, 22	山本力	41, 43
八並光俊	21, 22	山本文枝	39, 43
矢藤誠慈郎	14	有倉巳幸	42
山内久美	9, 19, 39	Yule, W.	46
山岡昌之	41	湯藤定宗	27, 83
山口正二	21, 22	油布佐和子	5, 7, 13, 15, 16, 19, 26, 27, 39, 43-45, 50, 83
山口恒夫	19	横山政夫	18
山口剛	8, 9, 39, 41	横山裕	36, 38
山口昌之	9	吉川武彦	48
山口満	19	吉田和夫	19
山口美和	19	吉田和子	19, 32, 74
山﨑準二	39	米山恵美子	12, 14, 35
山下立次	iv		
山城真紀子	19, 21, 66	**わ**	
山田冨美雄	41	渡辺三枝子	81
山田智之	39	渡辺実由紀	8, 9
山田紅子	41		
山地亜矢子	19, 21		

著者紹介
高木　亮（たかぎ　りょう）
就実大学教育学部准教授
北神正行先生（現，国士舘大学教授），田中宏二先生（現，広島文化学園大学学長）に師事し，奉職後は大藤吉雄先生（元中国短期大学部長），露口健司先生（現，愛媛大学大学院教授）に指導を受ける。
2001 年 3 月岡山大学大学院教育学研究科修了
2006 年 3 月兵庫教育大学大学院連合学校教育学研究科
　　　　　学校教育実践学専攻学校臨床連合講座，
　　　　　岡山大学配属を修了
　　　　　博士（学校教育学）
主著に，『教師の職業ストレス』（単著，ナカニシヤ出版，2015），『教師のメンタルヘルスとキャリア』（共編著，ナカニシヤ出版，2016）など。

チーム学校園を構築するための教師ストレス研究

2018 年 3 月 31 日　初版第 1 刷発行　　定価はカヴァーに表示してあります

　　　　著　者　高木　亮
　　　　発行者　中西　良
　　　　発行所　株式会社ナカニシヤ出版
　　　〒606-8161　京都市左京区一乗寺木ノ本町 15 番地
　　　　　　　　　　Telephone　075-723-0111
　　　　　　　　　　Facsimile　075-723-0095
　　　　　　Website　http://www.nakanishiya.co.jp/
　　　　　　Email　iihon-ippai@nakanishiya.co.jp
　　　　　　　　　郵便振替　01030-0-13128

装幀＝白沢　正／印刷・製本＝西濃印刷㈱
Printed in Japan.
Copyright © 2018 by R. Takagi
ISBN978-4-7795-1297-1

◎本書のコピー，スキャン，デジタル化等の無断複製は著作権法上での例外を除き禁じられています。本書を代行業者等の第三者に依頼してスキャンやデジタル化することはたとえ個人や家庭内の利用であっても著作権法上認められておりません。